세상에서
가장 특별한 사과
이야기

배경 지식을 넓혀 주는 감동 다큐 스토리
세상에서 가장 특별한 사과 이야기

초판 1쇄 찍은날 | 2016년 2월 11일
초판 1쇄 펴낸날 | 2016년 2월 18일

지 은 이 | 박안나
그 린 이 | 김민주

펴 낸 곳 | 창의력발전소 • (주)수경출판사
펴 낸 이 | 박영란
편   집 | 강미연, 박선진, 박다예슬
디 자 인 | 전찬우
영업총괄 | 임순규, 조용현, 손형관
제작·물류 | 조인호, 김현주
인   쇄 | (주)신화프린팅

등록번호 | 제2013-000088호
주   소 | 서울시 영등포구 양평로 21길 26 (양평동 5가) IS비즈타워 807호 (우 07207)
대표전화 | (02)333-6080
구입문의 | (02)333-7812
내용문의 | (02)6968-1550
팩   스 | (02)333-7197
홈 페이지 | http://www.book-sk.kr

ISBN 978-89-5926-854-2 73900
ISBN 978-89-5926-780-4 (세트)

*이 책은 저작권법에 따라 한국 내에서 보호받는 저작물이므로, 무단 전재와 무단 복제를 일절 금합니다.
*페이지가 누락되었거나 파손된 책은 사용 여부에 관계없이 구입하신 곳에서 즉시 교환해 드립니다.

〈사진 제공〉

Shutterstock
22쪽 성경, 36쪽 아이작 뉴턴, 51쪽 키벨레 여신, 52쪽 로물루스와 레무스 형제, 52쪽 올림피아 유적, 66쪽 폴 세잔의 동상, 78쪽 헤라클레스, 79쪽 헤라클레스 별자리, 106쪽 탈무드, 124쪽 구글사, 140쪽 트로이의 목마, 153쪽 괴테와 실러의 동상, 154쪽 빌헬름 텔 부자의 동상

Wikimedia Commons
37쪽 에드먼드 핼리, 63쪽 폴 세잔의 〈정물, 주름잡힌 천, 항아리와 과일접시〉, 64쪽 폴 세잔의 〈자화상〉, 〈카드놀이 하는 사람들〉, 〈생트 빅투아르 산〉, 65쪽 폴 세잔의 〈과일 접시가 있는 정물〉, 65쪽 에밀 졸라, 66쪽 폴 세잔의 〈앙브루아즈 볼라르의 초상〉, 80쪽 헤라클레스의 기둥, 94쪽 기무라 아키노리, 95쪽 사과 부패 실험, 자연 재배 사과, 115쪽 애플Ⅰ, 118쪽 매킨토시, 122쪽 스티브 워즈니악과 스티브 잡스, 123쪽 토이 스토리, 138쪽 호메로스, 152쪽 실러, 166쪽 그림 형제, 168쪽 그림 형제 박물관

배경 지식을 넓혀 주는 감동 다큐 스토리 초등

세상에서 가장 특별한 사과 이야기

글 박안나 그림 김민주

창의력 발전소 수경출판사

배경 지식을 넓혀 주는 감동 다큐 스토리

'세상에서 가장 특별한 이야기'

■

'세상에서 가장 특별한 이야기'는
우리 주위에서 흔히 볼 수 있는 동물이나 사물이
사람들의 삶, 인류의 역사 속에서 어떤 특별한 역할을 했는지
실화를 바탕으로 재미있는 이야기로 만들었습니다.

■

'세상에서 가장 특별한 이야기'는
책을 읽으면서 그 안에 담긴 다양한 정보와 지식을
함께 익힐 수 있어, 인문·사회·과학 기술 등 다양한 분야에
대한 배경 지식을 쌓을 수 있습니다. 따라서 폭넓은 사고와 풍부한
감성이 자연스럽게 길러져 창의력 높은 인재로 자라게 됩니다.

■

'세상에서 가장 특별한 이야기'는
내용의 이해를 돕는 아름다운 그림과 실제 사진을 수록하여
글의 내용이 더욱 더 깊은 감동으로 다가옵니다.

〈세상에서 가장 특별한 사과 이야기〉

〈세상에서 가장 특별한 사과 이야기〉에는 종교, 신화, 역사, 문학, 과학, 예술 등 다양한 분야에서 인류 문명의 발전과 밀접하게 관련된 사과가 등장합니다. 아담과 이브에게 선악을 알게 한 사과, 트로이 전쟁을 일으킨 파리스의 황금 사과, 만유인력의 법칙을 증명한 뉴턴의 사과, 미술의 새로운 장을 연 세잔의 사과, 애플사의 상징이 된 한 입 베어 문 사과…….

◉ **세상에서 가장 의미 있고 특별한 사과 이야기**

다양한 시대, 다양한 지역에서 사람들의 입에 자주 오르내리는 사과 이야기, 인류의 발전에 이바지한 실화 속 사과 이야기를 읽다 보면 보잘것없이 여겼던 사과 한 알이 전하는 특별한 의미를 알게 될 것입니다.

◉ **감동적인 이야기에 녹아 있는 '배경 지식'과 심화 정보 '다큐+'**

흥미로운 이야기를 읽으면서 자연스럽게 익힌 정보는 한눈에 볼 수 있게 핵심 정보만 따로 모아 '배경 지식'으로, 깊이 있는 상세 정보나 재미있는 뒷이야기는 '다큐+'로 구분하여 정리하였습니다.

세상에서 가장 특별한 사과 이야기

　셸 실버스타인의 《아낌없이 주는 나무》라는 동화에는 한 소년과 사과나무가 등장해. 소년은 날마다 사과나무를 찾아가 놀곤 했어. 나뭇잎으로 왕관을 만들어 쓰고 배고플 때는 사과를 따 먹고, 나무를 타고 오르거나 술래잡기도 했어. 더울 때는 시원한 나무 그늘에서 낮잠을 자기도 했지. 하지만 소년이 자라면서 사과나무를 찾아가는 날은 점점 줄어들었고, 사과나무는 홀로 지내는 시간이 늘었어.
　그러던 어느 날, 오랜만에 사과나무를 찾아온 소년이 돈이 필요하다고 푸념하자 사과나무는 선뜻 자신의 사과를 내다 팔라고 내주었어. 하지만 사과로 번 돈을 챙겨 들고 떠난 소년은 또다시 한참 동안 발길을 끊어 버렸지. 사과나무는 소년이 떠난 줄도 모르고 하염없이 기다렸어.
　그런데 보살필 가족이 생겨 살 집이 필요해지자, 청년이 된 소년은 다시 사과나무를 찾아와. 사과나무는 기꺼이 자신의 가지를 집 지을 재료로 내주었어. 어느덧 피곤에 지친 장년이 된 소년이 찾아와 여행을 가고 싶다고 하자, 사과나무는 배를 만들라며 자신의 몸통을 내주었지. 더 이상 내줄 것이 없자, 마지막엔 그루터기만 남아서 다 늙어 버린 소년의 의자가 되어 준다는 이야기야. 사과나무는 소년의 행복을 위해 자신의 모든 것을 아낌없이 내주었지.
　위 이야기에서 보듯 사과는 인간에게 많은 유익을 주고 있어. 그만큼 사과는 우리에게 많은 사랑을 받고 친숙한 과일이지.

그래서일까? 세계 여러 나라에는 예로부터 다양한 사과 이야기가 전해져 오고 있어.

북유럽 신화에 나오는 청춘의 여신인 이둔이 가지고 있던 '먹으면 늙지 않는 사과', 페르시아의 '무하메드 왕자와 사과 아가씨', 우리나라의 전래 동화인 '황금 사과를 딴 소녀', 러시아의 '황금 사과와 불새' 등 셀 수 없을 만큼 많지.

아무리 그래도 흔해 빠진 과일일 뿐이라고? 그럼 이 책을 읽어 봐. 사과 한 알이 전하는 엄청난 이야기들을 알게 될 테니까.

차례

1. 아담과 이브를 유혹한 **선악의 사과** ·········· 11
   - **배경 지식** : 성경 ·········· 22
   - **다큐 +** : 에덴동산이 실제로 존재했을까? ·········· 24

2. 만유인력의 법칙을 증명한 **뉴턴의 사과** ·········· 25
   - **배경 지식** : 근대 과학의 선구자, 아이작 뉴턴 ·········· 36
   - **다큐 +** : 우리나라에 뉴턴의 사과 후손이 있다고? ·········· 38

3. 아탈란타의 운명을 가른 **3개의 황금 사과** ·········· 39
   - **배경 지식** : 신화 속 여성 영웅, 아탈란타 ·········· 50
   - **다큐 +** : 짐승들의 젖을 먹고 자란 신화 속 존재들 ·········· 52

4. 미술의 새로운 장을 연 **세잔의 사과** ·········· 53
   - **배경 지식** : 입체파의 바탕을 마련한 폴 세잔 ·········· 64
   - **다큐 +** : 폴 세잔을 세상에 알린 앙브루아즈 볼라르 ·········· 66

5. 헤라클레스의 죄를 씻을 **황금 사과를 찾아서** ·········· 67
   - **배경 지식** : 헤라클레스의 12가지 임무 ·········· 78
   - **다큐 +** : 헤라클레스 때문에 은하수가 생겼다고? ·········· 80

6. 기무라 아키노리의 **썩지 않는 기적의 사과** ·········· 81
   - **배경 지식** : 사과 자연 재배의 선구자, 기무라 아키노리 ·········· 94
   - **다큐 +** : 사과를 재배하기에 좋은 지역은 어디일까? ·········· 96

7. 탈무드 속 솔로몬 왕과 마법의 사과 ········ 97
- ●배경 지식 : 탈무드와 솔로몬 왕 ·· 106
- ●다큐+ : 망원경을 왜 마법의 물건이라고 생각했을까? ········· 108

8. 애플사의 상징이 된 한 입 베어 문 사과 ········ 109
- ●배경 지식 : IT 산업을 이끈 스티브 잡스와 애플사 ··············· 122
- ●다큐+ : 세계 유명 IT 회사의 이름에 담긴 뜻은 무엇일까? ··· 124

9. 트로이 전쟁을 일으킨 파리스의 황금 사과 ········ 125
- ●배경 지식 : 트로이 전쟁과 영웅들 ·· 138
- ●다큐+ : 오늘날 '트로이 목마'는 어떤 뜻으로 쓰일까? ········· 140

10. 명사수 빌헬름 텔의 자유를 향한 사과 ········ 141
- ●배경 지식 : 빌헬름 텔과 실러 ·· 152
- ●다큐+ : 세계의 명궁수들 ·· 154

11. 백설 공주의 아름다움을 시기한 왕비의 독 사과 ········ 155
- ●배경 지식 : 그림 형제와 백설 공주 ·· 166
- ●다큐+ : 백설 공주의 실제 모델이 있다고? ··························· 168

세상에서 가장 특별한 사과 이야기

1

아담과 이브를 유혹한

선악의 사과

인류의 조상이라는 아담과 이브는
어떤 잘못을 했길래 에덴동산에서 쫓겨났을까?
또한 뱀은 무슨 죄를 지었기에
매끈한 다리를 잃고 땅을 기어 다니게 되었을까?
이 모든 일이 사과 한 알 때문에 벌어진 일이라니…….
에덴동산에 열린 특별한 사과 이야기를 들어볼래?

"사과의 붉은 빛깔은 정말 유혹적이야!"

"사과의 새콤하고 달콤한 두 가지 맛은 선과 악을 나타내는 것 같아."

이런 까닭 때문일까? 중세 시대의 많은 성직자들은 성경에 나온 '선악과'가 바로 사과였을 거라고 생각했어. 아담과 이브를 유혹하여 선과 악을 알게 하고 에덴동산에서 쫓겨나게 만든, 세상에서 가장 오래된 사과 이야기를 들려줄게.

성경의 <창세기> 편에 따르면 맨 처음 세상에는 아무 것도 없었대. 온 세상은 캄캄하고 물로 덮인 채 텅 비어 있었고, 오로지 하나님만이 물 위를 조용히 거니셨어.

"이 어둡고 텅 빈 곳에 아름답고 멋진 세상을 만들자!"

첫째 날, 하나님은 빛을 만들고 빛이 있을 때를 '낮', 빛이 없을 때를 '밤'이라고 하셨지.

둘째 날, 하나님은 온 우주를 뒤덮는 큰 하늘과 여러 가지 모양의 구름을 만드셨어.

셋째 날, 땅과 바다가 생겨났어. 땅에는 큰 풀들이 자라나 꽃을 피우고 열매를 맺었으며, 나무들도 하늘을 향해 쑥쑥 자라났지.

넷째 날, 하나님은 낮을 위해서는 밝은 해를, 밤을 위해서는 은은한 달과 별을 만드셨어.

다섯째 날, 하나님은 세상을 여러 생명체들로 가득 채우기 위해 바다의 물고기들과 하늘을 나는 새들을 만드셨어.

마지막 여섯째 날, 하나님은 조물조물 흙을 빚어 사람을 만드시곤 숨결을 불어 넣으셨어. 그리고 사람이라는 뜻의 '아담'이라는 이름을 지어 주셨지.

아담을 위해 하나님은 땅 가운데에 에덴동산을 꾸미셨어. 네 개의 강줄기가 흐르는 에덴동산의 중앙에는 생명의 나무와 지혜의 나무라는 아주 특별한 나무 두 그루가 있었고, 그 주위로는 배불리 먹을 수 있는 열매가 달린 나무들로 가득 차 있었지. 향기로운 꽃들은 무리 지어 피어나 에덴동산에 아름다움을 더했어. 에덴동산에는 미움, 싸움, 증오가 없었어. 또한 덥지도 춥지도 않아 모든 생물들이 살기 좋았지. 그곳은 즐거움과 기쁨만이 넘쳐흐르는 행복한 낙원이었어.

에덴동산에서의 생활은 평화로웠어. 새들은 노래하고 온갖 동물들은 짝을 지어 뛰어 놀았지. 아담은 이 모든 새와 동물들에게 이름을 지어 주고 돌보는 일을 했어. 하나님은 아담에게 지상 낙원인 에덴동산을 맡기시고는 특별히 한 가지를 신신당부하셨어.

"에덴동산 한가운데에 있는 생명의 나무와 지혜의 나무 열매만 빼고는 무엇이든지 먹어도 좋다. 만약 네가 그 열매를 먹는다면 죽게 될 것이니 내 말을 명심하거라."

그런데 사실 생명의 나무는 그 열매를 먹으면 영원히 죽지 않고 살 수 있는 것이었고, 지혜의 나무는 그 열매를 먹으면 선과 악을 알게 해 주는 신비한 나무였지.

아담은 하나님의 당부를 잘 지키며 에덴동산에서 행복하게 지냈지만, 한편으로는 외로웠어.

"모두 짝이 있는데 아담만 혼자구나."

쓸쓸한 아담의 모습을 지켜보시던 하나님은 아담을 깊이 잠들게 한 뒤 아담의 갈비뼈로 여자를 만드셨어. 잠에서 깨어나 여자를 본 아담은 너무나 기쁜 나머지 소리를 쳤어.

"오! 당신은 내 뼈에서 나온 뼈요, 내 살에서 나온 살이에요. 이젠 나도 혼자가 아니라 함께 살아갈 친구이자 동반자가 생겼어요."

하나님은 여자에게 모든 생물의 어머니라는 뜻의 '이브'라는 이름을 지어 주셨고, 아담과 이브는 서로 사랑하며 에덴동산에서 행복하게 지냈어.

그러던 어느 날, 지혜의 나무 곁을 지나가는 이브에게 뱀이 다가와 말을 걸었어.

"이브, 잠깐 물어볼 말이 있어. 하나님이 에덴동산에 있는 모든 나무의 열매를 먹지 말라고 하셨다는데, 정말이니?"

그 당시 뱀은 말도 할 줄 알고, 늘씬하게 쭉 뻗은 다리를 가진 아주 멋진 들짐승이었어. 하지만 잔꾀가 많고 아주 사악했지.

이브가 웃으며 자신 있는 목소리로 대답했어.

"아니. 하나님께서는 나와 아담에게 에덴동산에 있는 모든 나무의 열매를 먹어도 된다고 하셨어. 다만, 생명의 나무와 지혜의 나무의 열매는 먹지 말라고 하셨지. 그 열매를 먹으면 죽게 될 거라고……."

"정말? 그런데 너는 그 말을 믿니?"

뱀이 긴 혀를 날름거리며 작은 목소리로 이브에게 속삭였어.

"하긴. 너는 비밀을 모르니 믿을 수밖에 없겠지."

"비밀? 내가 모르는 비밀이 뭔데?"

간사한 뱀이 음흉하게 웃으면서, 중세 시대의 성직자들이 사과였을 거라고 생각한 '선악과'에 대한 이야기를 이브에게 풀어놨어.

"이 나무가 왜 지혜의 나무라고 불리는 줄 아니? 누구든지 이 열매를 먹기만 하면 하나님처럼 지혜롭게 되어 선과 악을 구별할 수 있기 때문에 붙여진 이름이야. 지혜의 나무 열매가 달리 '선악과'라고 불리겠어?"

"지혜의 나무 열매를 먹으면 하나님처럼 지혜롭게 된다고?"

이브는 한 걸음 다가가 지혜의 나무를 유심히 살펴보았어. 나무에 달린 빨갛고 싱싱한 사과는 모양도 예쁜 것이 정말 탐스러워 보였고, 먹으면 뱀의 말과 같이 하나님처럼 지혜롭게 될 것만 같았지.

때마침 바람에 사과의 새콤하고 달콤한 향기가 실려와 이브의 코끝을 자극했어.

'이렇게 향긋한 냄새가 나는 열매는 분명히 맛도 좋을 텐데, 한 입만 먹어봤으면······.'

이브는 자신도 모르게 가늘고 흰 팔을 쭉 뻗어 유난히 크고 빨간 금지된 열매를 뚝, 따고 말았지. 손바닥 위에 사과를 올려놓고 홀린 듯이 바라만 보고 있는 이브에게 뱀이 다가와 달콤한 목소리로 속삭였어.

"이 맛있는 열매를 먹어 봐. 죽기는커녕 하나님과 같은 지혜를 얻게 될 텐데 뭘 두려워하는 거야?"

이브는 뱀의 꼬임에 넘어가 자기도 모르게 사과를 와작 깨물어 먹었고, 그 모습을 본 뱀은 간사한 웃음을 지었어.

"먹어 보니까 어때?"

이브가 입 안 가득 고인 사과즙을 삼키며 대답했어.

"음, 상상했던 것보다 훨씬 더 맛있어."

"아니, 맛있는 것은 당연한 거고. 내 말은 네가 지금 지혜의 나무 열매를 먹고 죽게 되었느냐고?"

뱀의 얘기가 웃기다는 듯이 이브가 까르르 웃으며 말했어.

"아니. 하나님이 먹지 말라고 하신 지혜의 나무 열매를 먹었지만 죽지 않았어. 이 열매를 아담과 함께 더 먹을 거야. 분명 아담도 나만큼 좋아할 거야."

이브는 냉큼 사과를 하나 더 따 들고 아담에게로 달려갔어.

"아담! 아담! 나 좀 봐요!"

"이, 이브! 그건 하나님이 먹지 말라고 당부하신 열매잖아!"

이브의 손에 들려 있는 사과를 본 아담이 깜짝 놀라 소리쳤지.

"맞아요, 아담. 이 지혜의 나무 열매는 하나님이 먹으면 죽는다고 경고하신 거예요. 하지만 난 방금 이 열매를 먹었는데 멀쩡해요. 죽지 않았다고요."

"아니. 곧 죽을 거야. 하나님이 반드시 죽을 거라고 하셨어."

"우리만 모르는 비밀이 있었어요. 뱀이 알려줬는데, 이 열매를 먹으면 우리도 하나님처럼 지혜로워지기 때문에 못 먹게 한 거래요."

"어떻게 그런 소릴! 그렇다면 당신은 하나님 말씀보다 뱀의 말을 더 믿겠다는 말이오?"

"글쎄요. 중요한 사실은 난 이 열매를 먹었고, 그런데도 죽지 않았다는 거죠."

"아무리 그래도 난 이해할 수 없소. 에덴동산에는 이렇게 많은 열매가 있는데 왜 하나님이 먹지 말라고 당부하신 열매를 먹어야 하지?"

"아담, 아무리 하나님 말씀이라도 무조건 믿는 건 아닌 것 같아요. 그렇지 않아요?"

곰곰이 생각하던 아담은 이브의 생각도 일리가 있는 것 같아서 그녀가 내민 사과를 조심스럽게 바라보았어. 하나님과 같은 지혜를 얻게 되다니 욕심이 생겼지. 결국 아담은 이브가 내민 사과를 한입 베어 물었어. 사근사근 씹히는 식감과 입 안을 가득 채우는 새콤달콤한 즙에 아담 역시 만족스러웠지.

그런데 아담과 이브가 사과를 먹고 처음으로 마주 본 순간, 두 사람의 얼굴이 빨개졌어.

"앗! 창피해. 우리가 벌거벗고 있었잖아?"

두 사람이 후다닥 나무 뒤로 가 무화과 나뭇잎을 엮어 몸을 가리는 그 때, 어디선가 하나님의 목소리가 들려왔어.

"아담아, 이브야, 어디에 있느냐?"

"하나님, 저희는 벌거벗고 있는 것이 너무 부끄러워 나무 뒤에 숨어 있습니다."

하나님은 그 말을 듣고 뭔가 일이 잘못되었다고 짐작하셨어.

"네가 벌거벗은 것을 누가 말해 주었느냐? 혹시 내가 먹지 말라고 한 열매를 먹은 것이냐?"

하나님의 노한 목소리에 아담이 두려움에 떨며 대답했어.

"이, 이브가 주어서 먹었습니다."

"이브, 너는 어찌하여 그 열매를 먹었느냐?"

"하, 하나님이 만드신 뱀이 한번 먹어보라고 부추겼어요."

하나님은 뱀을 보며 말씀하셨어.

"네가 한 짓이 아주 사악하구나. 뱀, 너는 네가 지은 죄에 대한 벌로 이제부터 죽을 때까지 배로 기어 다니며 흙을 먹고 살 것이다."

하나님은 아담과 이브에게도 벌을 내리셨어.

"이제부터 너희는 고통과 슬픔이 무엇인지 알게 될 것이다."

아담과 이브는 하나님의 말씀에 정신이 아찔해졌어.

"이브는 큰 고통을 겪으며 자식을 낳고, 아담은 땀을 흘리며 고되게 일해야만 먹을 것을 얻을 수 있을 것이다. 그렇게 힘들고 어려운 삶을 살다가 죽으면 너희가 만들어졌던 흙으로 돌아가게 될 것이다."

하나님은 아담과 이브에게 가죽옷을 지어 입히고는 죄를 지은 채 생명의 나무 열매를 먹고 영원히 살게 될까봐 에덴동산에서 쫓아내셨어.

두 사람을 에덴동산에서 쫓아낸 하나님은 천사들에게 불을 내뿜는 칼을 들고 에덴동산 입구를 단단히 지키게 하셨어.

"죄를 지은 이가 다시는 에덴동산으로 들어오지 못하게 잘 감시하도록 해라."

사과는 빨갛고 탐스러운 모습과 매혹적인 향기로 하나님의 말씀을 어기도록 아담과 이브를 유혹했어. 단지 사과 한 알이었지만, 약속을 지키지 않은 아담과 이브에게 하나님은 에덴동산이라는 낙원을 허락하지 않으셨지. 에덴동산에서 쫓겨난 아담과 이브는 가시덤불과 엉겅퀴가 무성한 거친 땅에서 힘들게 살아가야 했어.

성경에서는 오늘날 인간이 배고픔이나 괴로움을 느끼며 죽음에서 벗어날 수 없는 존재가 된 것은 인간의 조상인 아담과 이브가 금지된 사과를 따 먹은 결과라고 해.

성경

1. 성경이란 무엇일까?

성경은 영어로 '바이블(Bible)'이라고 하며, '책들'이라는 뜻을 가지고 있어. 성경은 기원전 1000년 무렵부터 기원후 2세기까지 여러 저자가 다양한 내용과 형식으로 쓴 66권의 책들을 묶어 놓은 것으로, 크게 《구약성경》과 《신약성경》으로 구분할 수 있지. 성경에는 하나님의 말씀뿐만 아니라 사람들이 살아가는 데 필요한 다양한 지식과 지혜도 함께 담겨 있어 전 세계에서 가장 많이 팔리는 책이야.

성경

2. 《구약성경》, 《신약성경》

'구약'이란 모세를 중심으로 이스라엘 민족에게 주어진 하나님의 약속을 말해. 《구약성경》은 총 39권으로 되어 있는데, 이스라엘 민족의 역사뿐만 아니라 많은 왕과 왕비, 영웅들의 이야기가 실려 있어. 유일신을 믿는 유대교에서는 예수 그리스도의 탄생 이전까지를 기록한 《구약성경》만을 성경이라고 인정하고 있어.

'신약'이란 예수 그리스도를 통하여 주어진 하나님의 약속을 말해. 《신약성경》은 예수 그리스도의 탄생 이후의 내용을 담고 있으며, 총 27권의 책으로 되어 있어. 예수 그리스도가 나타나면서 하나님이 전 인류와 새로운 계약을 맺었다고 믿는 기독교에서는 《구약성경》과 《신약성경》을 모두 성경이라고 인정하고 있어.

3. 성경에 나온 표현이나 속담에는 어떤 것이 있을까?

성경만큼 전 세계 사람들의 생활에 많은 영향을 끼친 책도 없어. 그래서 우리가 자주 사용하는 표현이나 속담에는 성경에서 나온 것들이 많아.

- 남에게 대접받고 싶은 대로 그들을 대접하라. : 인간관계를 잘 맺고 지속하기 위해서는 상대방의 입장에서 사람을 대하는 노력을 해야 한다는 뜻을 담고 있어. 기독교의 기본 정신으로 예수 그리스도가 제자들에게 준 교훈이지.
- 눈에는 눈, 이에는 이 : 다른 사람에게 해를 끼치게 되면 결국 그만큼 갚아야 한다는 뜻을 담고 있어.
- 죄 없는 자가 먼저 돌을 던져라. : 다른 사람의 잘못을 나쁘게 말하기 전에 스스로를 돌아보라는 뜻을 담고 있어. 자신의 행동을 반성하는 사람이라면 다른 사람의 잘못도 그만큼 이해해 줄 테니까.

4. 한국 최초로 성경이 들어온 곳은 어디일까?

우리나라 최초로 성경이 들어온 곳은 충청남도 서천군의 마량진이라는 곳이야. 1816년 조선 순조 때, 중국에 사신을 내려주고 서해안 일대를 탐험하면서 해안 지도를 만들던 영국의 함선이 마량진에 들렀어. 이 때 조선의 관리들이 배에 올라 검사를 하면서 3권의 책과 몇 장의 문서를 받았는데, 그 때 받은 책 중 하나가 성경이었다고 해.

아담은 배꼽이 있었을까?

아기는 자궁 안에서 자라면서 탯줄을 통해서 필요한 영양분을 공급 받아. 아기가 태어나면 탯줄이 잘린 흔적이 남아 배꼽이 되는 거야.
성경에 따르면 아담은 하나님이 흙으로 빚고 숨결을 불어 넣어 만들었기

때문에 배꼽이 있을리 없겠지? 이 때문에 중세 시대에는 아담을 그릴 때 배꼽을 그려야 하는지에 대한 논쟁이 끊이질 않았다고 해.

에덴동산이 실제로 존재했을까?

에덴동산을 실제로 찾으려는 노력은 계속 있었어. 특히 1981년 미국의 우주 왕복선 콜롬비아호가 찍은 레이더 사진을 분석한 과학자들은 사하라 사막 깊숙이 큰 강과 계곡, 홍수가 났던 들판의 흔적이 남아 있다며 에덴동산이 실제로 존재했다고 주장했지.

오늘날에는 많은 사람들이 서남아시아의 티그리스 강과 유프라테스 강 근처에 에덴동산이 있었을 것이라고 추측하지만, 아직까지도 에덴동산이 실제로 있었는지에 대한 논쟁은 계속되고 있어.

세상에서 가장 특별한 사과 이야기

2

만유인력의 법칙을 증명한
뉴턴의 사과

고향 집을 방문한 뉴턴은 나무에서
사과가 툭 떨어지는 걸 보고 깊은 고민에 빠졌어.
왜 사과는 공중으로 날아가지 않고 땅으로 떨어질까?
다른 사람들이 들었다면 웃음거리가 될 고민이었지만,
이 일로 뉴턴은 세상을 놀라게 할 과학 법칙을 증명하였지.
사과 하나로 뉴턴이 증명한 법칙은 과연 무엇이었을까?

1642년 크리스마스, 잉글랜드 동부 링컨셔의 울즈소프라는 작은 시골 마을에서 한 아이가 태어났어. 안타깝게도 아이가 태어나기 몇 달 전에 아이의 아빠는 세상을 뜨고 말았지. 아이는 죽은 아빠의 이름을 따라 '아이작'이라는 세례명을 받았어. 바로 이 아이가 우리가 잘 알고 있는 아이작 뉴턴이야.

"뉴턴, 할아버지와 할머니 말씀 잘 들어야 해."

뉴턴이 3살일 때 그의 엄마가 재혼을 하면서 뉴턴은 외조부모의 손에서 컸어. 어려서 엄마의 사랑을 받지 못했기 때문일까? 뉴턴은 자신만의 세계에 빠져 말수가 적고 소심한 아이로 자라났지.

"뉴턴, 우리랑 함께 놀자!"

아이들이 놀자며 불러도 심드렁하게 반응하고는 하루 종일 방에 틀어박혀서 꼼작도 않고 책만 읽거나 생각에 잠길 때가 많았어.

그러던 어느 날, 몇 날 며칠을 고심하던 뉴턴은 해시계를 만들어 냈어. 돌 한가운데를 뚫고 막대기를 세운 뒤 빙 둘러 숫자를 새겨 넣은 간단한 모양이었지.

"할머니, 이것 좀 보세요! 제가 만든 해시계예요. 막대 그림자로 시간을 알 수 있어요."

뛰어난 손재주로 무언가를 뚝딱뚝딱 만들어 내는 것을 보고, 동네 사람들은 그가 이성적인 머리와 목수의 손을 가졌다고 칭찬했지.

하지만 뉴턴의 학교 성적은 썩 좋지 않았고, 수줍음이 많아 남들 앞에 나서는 걸 꺼려했어.

뉴턴은 중학생이 되면서 과학과 수학에 재미를 느꼈고 자기가 좋아하는 것에만 몰두하며 시간을 보냈지.

그런데 하루는 할머니가 엄마의 소식을 전하는 거야.

"뉴턴, 새아버지가 돌아가셨단다. 엄마가 집으로 돌아올 거야."

뉴턴의 엄마는 그가 토지를 관리하는 법을 배워 가족 농장을 물려받기를 원했어. 엄마의 뜻에 따라 뉴턴은 학교에 다니는 대신 농사를 짓고 양떼를 돌보았지만, 자연을 관찰하며 책을 보느라 정작 해야 할 농사일은 항상 뒷전이었지. 바람이 세차게 부는 어느 날, 뉴턴은 풀밭에 양떼들을 풀어 놓고는 이리저리 뛰어다녔어.

"바람은 풀을 휘날리고, 내가 뛰는 것도 방해하네. 왜 그럴까?"

뉴턴이 중얼거리는 소리를 들은 아이들은 그를 비웃었어.

"바람이 원래 그런 거지. 그런 것에 신경 쓸 시간이 있으면 양떼나 잘 좀 돌보라고."

모두가 뉴턴이 농장에서 제 역할을 하길 바랐지만, 목사였던 외삼촌은 그의 남다른 사고방식을 보고 가족들을 설득하여 뉴턴에게 다시 공부할 기회를 마련해 주었어. 덕분에 뉴턴은 케임브리지 대학의 트리니티 칼리지에 들어갔지. 비록 학교의 허드렛일을 도맡아 하는 근로 학생 자격으로 공부했지만 뉴턴은 몹시 즐거웠어.

그즈음 유럽 전역에 유행하던 흑사병이 영국에도 퍼지기 시작했어. 환자들의 살덩이는 썩어서 검게 변하였고, 보기에도 끔찍한 이 병은 사람들을 공포로 몰아넣었어. 도시에는 죽음의 그림자가 곳곳에 길게 드리워졌지. 사정이 이렇게 되자 케임브리지 대학도 임시 휴교하여 뉴턴은 집으로 돌아왔어. 고향에 온 그는 대부분의 시간을 사색과 실험으로 보냈지.

"뉴턴, 하루 종일 방 안에서 뭘 하고 있니? 좀 나와라. 밥도 먹고, 산책도 좀 하고……."

뉴턴이 이른 저녁을 먹고 밖으로 나가자 그새 해가 기울고 있었어. 뉴턴은 집 앞뜰에 있는 사과나무 아래에 팔을 베고 누웠고, 곧 자신도 모르는 사이에 가늘게 코까지 골며 잠이 들어 버렸지. 공부에 집중하다 보니 늘 잠자는 시간이 부족했거든.

"퍽!"

무언가가 이마 위에 떨어지자 뉴턴은 몸을 일으켜 앉아 아픈 이마를 만지며 두리번거렸어.

"아, 사과였구나!"

뉴턴은 얼굴 근처에 떨어져 있는 사과를 주워 들고 피식 웃었어.

"갑자기 사과 파이가 먹고 싶군. 하긴 이 사과는 어떻게 요리해 먹어도 맛있을 거야!"

뉴턴은 입맛을 쩝쩝 다시다가 문득 중얼거렸어.

"그런데 참 이상한 일이야. 사과는 왜 아래로만 떨어질까?"

밑에서 받쳐 주는 것이 없으면 모든 물체는 땅으로 떨어진다는 것이 다른 사람에게는 하나도 이상할 게 없는 당연한 일이었지만, 뉴턴은 왜 그런지 궁금했어.

"아! 바로 그거야. 잡아당기는 힘!"

혼자만의 생각에 빠져 중얼거리다 뭔가를 깨달은 뉴턴이 손바닥을 치며 말했어.

"지구에는 물체를 잡아당기는 힘이 있는 거야. 지구가 끌어당기니까 그 힘을 받은 사과는 밑으로 떨어지면서 공중으로 튕겨 나가지 않은 거지."

뉴턴은 언젠가 책에서 읽었던 지구의 중력에 대해 기억을 더듬어 보았어. 해가 사라진 저녁 하늘에 떠 있는 달을 보자 그는 또 다른 궁금증이 생겼지.

"그런데 사과나무의 사과는 떨어지는데, 저 달은 하늘에 떠 있네. 왜 그럴까? 왜 달은 떨어지지 않지?"

뉴턴이 달에게 답을 묻듯이 물끄러미 하늘을 바라보고 있던 그 순간, 떨어진 사과에 머리를 맞은 듯이 번쩍 떠오르는 생각이 있었어.

"맞아. 지구에 끌어당기는 힘이 있다면 사과 쪽에도 그런 힘이 있을 거야. 그러니까 떨어져 있는 모든 물체끼리는 서로를 끌어당기는 힘이 있는 거지. 저 달이 떨어지지 않는 것도 지구와 달이 서로를 잡아당기는 힘 때문이고."

뉴턴의 머리 속에선 생각에 생각이 꼬리를 물고 일어났어.

"만약 지구가 달을 끌어당기지 않는다면, 아마도 달은 직선 방향으로 움직여 우주로 달아나 버리겠지. 달의 직선 운동과 지구가 끌어당기는 힘이 결합하여 달로 하여금 지구 주위를 돌게 하는 것은 아닐까? 그래서 서로 부딪치지 않고 팽팽하게 잡아당기며 빙글빙글 도는 관계가 된 거야."

방으로 돌아온 뉴턴은 차근차근 자신의 이론을 정리해 나갔어.

"질량이 있는 모든 물체는 다른 물체를 끌어당기는 힘이 있어. 다시 말해 사과가 떨어지는 것은, 질량을 가진 지구가 사과를 자기 쪽으로 끌어당긴다는 뜻이지. 물론 사과도 지구를 자기 쪽으로 끌어당기겠지만, 사과의 질량이 지구에 비해 너무 작아서 우리는 그것을 느끼지 못하고 있을 뿐이야. 가장 중요한 사실은 모든 물체가 서로 잡아당긴다는 것이지."

뉴턴은 단순히 새로운 생각을 한 것으로 그치지 않고 끊임없는 실험을 통해 그것을 증명하고 기록하며 자신의 생각을 완벽하게 입증하기 위해 노력했어.

뉴턴은 사과와 달이 가지고 있는 각각의 질량과 지구 중심까지의 거리, 그리고 사과와 달이 1초 동안에 이동하는 거리 등을 측정했고 실험을 통해 물체 사이의 인력은 두 물체 간의 거리의 제곱에 반비례한다는 만유인력의 법칙을 공고히 했어. 하지만 심사숙고하는 성격 탓에 만유인력의 법칙을 20년 동안 발표하지 않았지.

1665년과 1666년을 사람들은 '기적의 해'라고 불러. 훗날 뉴턴이 이룩한 위대한 업적들 중 많은 부분이 이 시기에 싹텄거든. 뉴턴은 만유인력의 법칙 말고도 미적분이라 불리는 수학의 새로운 분야를 개척했고, 스스로 수집하고 정비한 실험 기구를 이용해 빛의 분산 현상 등도 연구했어. 22개의 주제를 동시에 연구했다고 하니 그의 머리는 잠시도 쉴 틈이 없었지.

1667년 케임브리지 대학이 다시 문을 열자 뉴턴은 학교로 돌아와 특별 연구원 자격으로 학문을 연구했어. 졸업 후에는 운 좋게도 자신을 가르쳤던 교수의 뒤를 이어 수학과 교수가 될 수 있었지.

뉴턴은 먹는 시간이나 자는 시간까지도 아까워하며 연구에 매달린 끝에 1668년 기존의 것보다 성능이 훨씬 뛰어난 반사 망원경을 만들었고, 이 업적을 인정받아 1672년 영국의 뛰어난 과학자들의 모임인 왕립 학회의 회원이 될 수 있었어.

하지만 뉴턴의 모든 연구가 순탄했던 것은 아니야. 왕립 학회 회원이 된 뉴턴은 자신의 이론을 다른 학자들에게 발표하였지. 그런데 빛의 성질에 대한 뉴턴의 해석에 영국의 물리학자인 로버트 훅이 반대하고 나섰어.

"뉴턴, 난 당신의 이론에 반대하오. 당신의 이론은 좀 더 조사할 필요가 있소."

독일의 고트프리트 라이프니츠와는 누가 먼저 미적분법을 고안해 냈는지에 대한 논쟁을 하게 되었어.

"뉴턴, 미적분 이론은 내가 독자적으로 고안해 1675년에 발표한 것이오. 그러니 당연히 내가 최초지."

"아니오. 나는 1666년에 이미 미적분 이론을 생각해 냈소. 그것을 정리하여 1669년에 스승이었던 아이작 배로에게 보여 준 적이 있으니 내가 최초고, 당신은 내 것을 훔친 것이오."

이런 일련의 사건을 겪게 되자 소심하고 비밀스런 성격의 뉴턴은 더 이상 연구 성과를 발표하지 않았어. 만약 그의 학문적 업적을 동경하고 도왔던 사람들이 없었더라면 오늘날 우리는 그의 뛰어난 연구 성과를 접할 수 없었을 거야.

특히 밝고 낙천적인 성격의 청년 과학자 에드먼드 핼리는 혜성의 운동을 관찰하면서 그 원리를 발견하기 위해 뉴턴의 도움을 받은 적이 있어. 핼리는 뉴턴이 자신에게 설명한 중력의 법칙에 대해 세상에 발표해야 한다고 꾸준히 그를 설득했지.

"뉴턴 선생님, 선생님의 대단한 연구는 세상을 깜짝 놀라게 할 거예요. 이렇게 혼자 간직해서는 안 돼요. 어서 발표하셔야 합니다."

그 결과물이 바로 자연 철학에 관한 수학적 원리, 《프린키피아》라는 책이야. 이 책은 뉴턴을 역사상 가장 위대한 과학자 중 한 명으로 만들었지. 운동의 법칙과 중력 이론에 관한 수학적 기초들이 담겨 있는 책을 읽은 사람들은 열광적으로 환호를 보냈어.

"자네, 뉴턴의 《프린키피아》라는 책을 읽어 봤나? 만유인력 때문에 하늘의 별들이 땅으로 쏟아지지 않는다던데."

"놀라운 일이로군! 뉴턴은 만유인력이라는 위대한 법칙을 어떻게 증명해 냈대?"

"그게 말이야. 사과 한 알이 사과나무에서 떨어지는 단순한 사실을 가지고 증명해 냈다고 하더라고. 믿을 수 있겠나?"

이렇게 만유인력은 지구가 물체를 잡아당기는 것처럼 많은 사람들의 마음도 끌어당겼어. 하지만 사람들의 말을 들은 뉴턴은 이런 말을 하며 앞선 과학자들에게 공을 돌렸어.

"내가 만약 다른 사람들보다 더 멀리 보았다고 한다면, 그것은 내가 거인들의 어깨 위에 올라섰기 때문입니다."

뉴턴은 죽는 날까지 쉼 없이 무언가를 연구하고 그것을 증명하면서 과학자로서 자신이 한 일은 아주 작다는 겸손함이 담긴 말을 남기기도 했어.

"세상의 역사 속에 나를 비추어 본다면 나는 늘 바닷가에서 장난치는 소년에 불과합니다. 내 앞에는 아직 발견되지 않은 거대한 진리의 바다가 있습니다. 그 속에서 나는 조금 더 매끈한 조약돌이나 조개껍데기를 찾으려고 애쓰는 작은 아이일 뿐입니다."

뉴턴의 노력 덕분에 근대 유럽의 자연 과학은 크게 발달하였고, 이는 다른 분야에도 많은 영향을 끼쳤지. 교회의 권위에 바탕을 둔 구시대의 정신과 제도에 반대하여 인간의 합리적인 생각에 따라 생활이 개선되고 진보한다는 생각을 사람들에게 불러일으킨 거야. 뉴턴의 사과는 바로 인류의 과학 발전 그 자체를 의미한다고 할 수 있어.

근대 과학의 선구자, 아이작 뉴턴

1. 근대 과학의 발전

고대의 과학은 철학에 가까웠고 중세의 과학은 신학에 속해 있었어. 고대부터 중세를 지배했던 우주관은 천동설로, 지구를 중심으로 모든 별이 돌고 있다는 것이었지. 16세기에 코페르니쿠스가 지구가 태양 주위를 돌고 있다는 지동설을 발표

아이작 뉴턴

하면서 과학은 신학의 영역에서 벗어나기 위한 노력을 시작했어. 갈릴레이는 망원경으로 달과 목성 등을 관찰하여 코페르니쿠스의 지동설을 과학적으로 증명했지만, 종교 재판관 앞에서 천동설이 옳다고 서명을 하기도 했지.

근대 과학은 수학과 실험에 의한 탐구를 특징으로 하는데, 근대 과학의 이런 특징을 세운 사람이 바로 뉴턴이야. 특히 뉴턴은 과학적인 원리를 수학적인 공식으로 만들어 원리를 한눈에 볼 수 있게 했고, 이는 다른 과학자들에게 모범이 되었지.

2. 뉴턴의 3법칙은 무엇일까?

뉴턴이 가장 높게 평가받은 분야는 물체의 운동에 관한 법칙을 연구한 역학이야. 그 연구의 결과물이 《프린키피아》로, 이 책은 만유인력의 법칙을 바탕으로 한 힘의 3법칙부터 우주와 태양계의 현상들까지 다루는데, 특히 뉴턴의 3법칙은 정확성을 인정받아 오늘날 학교에서도 배워.

- **관성의 법칙** : 외부로부터 물체에 어떤 힘이 작용하지 않는 한, 그 물체가 자신의 운동 상태를 계속 유지하려는 성질을 말해. 자동차가 갑자기 멈추면 자동차에 타고 있는 사람은 계속 앞으로 가려고 하기 때문에 몸이 앞으로 쏠리게 되는 거야.
- **힘과 가속도의 법칙** : 같은 질량을 가진 물체라면 힘이 클수록 가속도가 커지고, 힘이 같을 때는 무게가 가벼울수록 가속도가 커진다는 것을 의미해. 자전거로 내리막길을 갈 때 페달을 밟지 않아도 속도가 더 빨라지는 것은 가속도가 생겼기 때문이야.
- **작용과 반작용의 법칙** : 어떤 물체에 힘을 가하면 그 물체도 나에게 같은 크기의 힘을 반대 방향으로 가한다는 의미야. 주먹으로 벽을 칠 때 아픈 까닭은 벽도 내 주먹에 힘을 가하기 때문이지.

3. 뉴턴의 든든한 후원자, 에드먼드 핼리

1682년 큰 혜성이 나타나자, 핼리가 이 혜성의 움직임에 대해 뉴턴에게 물었어. 뉴턴은 만유인력의 이론을 토대로 어디선가 혜성을 끌어당기는 큰 중력을 가진 곳을 중심으로 혜성이 타원 궤도로 돌고 있을 거라고 이야기했지. 핼리는 뉴턴의 기발한 생각에 놀랐고, 뉴턴을 설득하여 《프린키피아》를 출판하게 적극 도왔어. 핼리가 관찰한

에드먼드 핼리

큰 혜성의 주기를 뉴턴의 이론을 적용하여 계산하자, 그 큰 혜성에는 '핼리 혜성'이라는 이름이 붙었어.

🌸 지폐 속에도 뉴턴이 있다고?

영국의 1파운드 속에는 아이작 뉴턴이 있어. 뉴턴은 1696년 조폐국의 감독관직을 제의받아 비효율적인 화폐 제조 과정을 개선하고, 위조지폐를 만든 범죄자들도 조사하여 잡아들였지. 또한 뉴턴은 조폐국의 장관으로 일하면서 금화의 무게를 표준화하고 화폐 유통의 질서를 바로잡기도 했어.

🌸 뉴턴을 왜 '경'이라고 부를까?

'경'은 영국에서 귀족의 작위를 받은 이를 높여 이르는 말이야. 뉴턴은 1688년 대학 대표자로서 국회의원에 출마했다가 당선되었고, 1703년에는 왕립 학회의 회장이 되었지. 1705년에는 여왕으로부터 '나이트'라는 기사 작위를 받았어. 그 때문에 오늘날 아이작 뉴턴 경이라고 부르는 거야.

🌸 우리나라에 뉴턴의 사과 후손이 있다고?

18세기 말 뉴턴의 고향집 사과나무들 가운데 한 그루에 '사과가 떨어진 나무'라는 표지가 붙었어. 1820년경 그 나무는 죽었지만, 곁가지 하나가 과수 연구소로 보내져 번식하였지. 그 중 뉴턴의 사과나무 4대 후손이 한국 표준 과학 연구원의 상징물로 연구원 뜰에서 잘 자라고 있어.

뉴턴의 사과 후손

세상에서 가장 특별한 사과 이야기

3

아탈란타의 운명을 가른
3개의 황금 사과

아탈란타는 공주로 태어났지만
아들이 아니라는 이유로 숲 속에 버려졌어.
그 뒤, 곰의 젖을 먹고 자란 아탈란타는
사냥 능력과 빠른 달리기 솜씨로 온 세상에 이름을 떨치지.
하지만 3개의 황금 사과 때문에
귀중한 것을 얻고도 모든 것을 잃고 말았어.
왜 그렇게 된 걸까?

그리스 신화에는 많은 영웅들이 등장하지만 여성 영웅은 흔하지 않아. 그중 아탈란타는 사냥 솜씨가 좋고 달리기를 잘해 남자 영웅들 사이에서도 이름을 떨쳤어. 그런데 신들이 그녀의 뛰어난 능력을 시기해서일까? 아탈란타의 인생은 순탄하지만은 않았어.

"왕이시여. 우리 딸이 얼마나 예쁜지 한번 보세요. 반짝이는 눈에 곱슬거리는 황금빛 머리카락이 마치 천사 같아요. 이름을 아탈란타라고 지어도 될까요?"

왕비 클리메네는 포대기로 곱게 감싼 딸을 왕에게 보여 줬어.

"딸이라니? 왕위를 물려줄 수도 없는 딸은 나에게 필요 없소. 당장 내다 버리시오!"

그리스 아르카디아의 왕 이아소스가 소리쳤어. 왕의 노여움에 클리메네는 아기를 안으며 울음을 터뜨렸지.

"오, 가엾은 공주! 하늘이 너를 도와주시기를……."

왕의 명령을 받은 신하가 갓난아이를 빼앗아 숲으로 내달리자, 왕비는 정신을 잃었어. 신하는 갓난아이인 아탈란타를 안개가 자욱한 깊은 숲 속 동굴에 내다 버렸지만, 하늘의 도움이었을까? 운 좋게도 아탈란타는 새끼 잃은 암곰의 젖을 먹으며 무럭무럭 자라났어.

그렇게 세월이 흐른 어느 날이었어. 한 사냥꾼이 숲 속에서 암곰과 함께 있는 아탈란타를 발견했지.

"어? 곰과 함께 뒹구는 저건 뭐지? 어린아이잖아!"

　신기한 모습을 본 사냥꾼은 구덩이를 파고 꿀통을 놓아 아탈란타와 암곰을 유인하여 사로잡았어.
　"가까이서 보니 정말 예쁜 여자아이로군. 장차 아름다운 아가씨가 될 거야!"
　사냥꾼은 아탈란타를 키우려고 마음먹고는 집으로 데려왔어. 하지만 암곰과 떨어뜨려 놓자마자 어린것이 빽빽 울어 대는 바람에 하는 수 없이 암곰과 같이 키우게 됐지. 그렇게 암곰과 함께 지내게 된 아탈란타는 고분고분 말을 잘 들었어. 사냥꾼이 주는 가죽옷을 입고 익힌 음식도 먹었으며, 사람의 말과 활 쏘는 법도 빠르게 배웠지.

아탈란타는 점점 보통 사람들의 생활 방식과 행동에 익숙해졌고, 어느덧 활 쏘는 솜씨가 뛰어난 처녀 사냥꾼으로 자라났어. 특히 칼리돈의 사냥 대회에 참가하여 남자 영웅들을 제치고 멧돼지를 쓰러뜨리면서 그 이름을 널리 떨쳤지. 거기다 달리기는 또 어찌나 빠른지! 아탈란타를 당해 낼 사람이 아무도 없자 그리스 전 지역에 아탈란타에 대한 노래가 퍼져 나갔어.

"숲 속에서 암곰의 젖을 먹고 자란 아탈란타는
말보다 치타보다 더 빠르다네.
칼리돈의 사냥 대회에서 멧돼지를 한 방에 쓰러뜨렸지.
어떤 영웅이라도 그녀 앞에서는 무릎을 꿇을 수밖에 없네."

마침 왕비를 잃고 쓸쓸하게 살아가던 아르카디아의 왕도 우연히 이 노래를 듣게 되었어. 숲 속에 버려진 아이라니! 그렇다면 혹시?
"어서 가서 아탈란타라는 처녀 사냥꾼을 데려오너라!"
며칠 뒤, 왕 앞으로 한 아가씨가 성큼성큼 걸어왔어. 늘씬하게 큰 키에 보석처럼 반짝이는 커다랗고 진한 눈! 곱슬곱슬 쏟아질 듯 흘러내린 황금빛 머리카락을 보자 왕은 벌떡 일어났지.
"오, 너는? 와, 왕비의 젊을 적 모습과 똑같구나!"
죽은 왕비를 보는 듯한 모습에 왕은 홀린 듯이 손을 뻗으며 아탈란타에게로 걸어오다가 곧 괴롭고 슬픈 표정을 지으며 그녀 앞에 털썩 주저앉았어.

"아탈란타, 오래전 나는 아주 잔인한 명령을 내려 태어난지 얼마 안 된 딸을 숲 속에 버리라고 했단다. 하지만 곧 내 생각이 잘못되었다는 걸 깨닫고 오랫동안 후회하며 지냈지."

왕은 다 커서 돌아온 아탈란타의 손을 꼭 잡으며 말했어.

"아탈란타, 정말 미안하구나. 이런 아비를 용서할 수 있겠니?"

"오, 왕이시여! 아니, 아버지. 사람이란 모두 잘못할 수 있답니다. 더구나 아버지와 딸은 핏줄로 이어진 사이인데 용서하고 말고가 어디 있겠어요?"

아탈란타가 사냥꾼이 가르쳐 준 대로 대답하자 왕은 아탈란타를 키워 준 사냥꾼에게 큰 상을 내렸고, 그 이후로 아탈란타는 궁전에서 살게 되었어.

그런데 이런! 궁전에서 살게 된 아탈란타는 한시도 가만히 앉아 있질 않았어. 답답하고 몸이 근질근질해서 복도와 계단을 늘 뛰어다녔지. 아무도 야생말처럼 뛰어다니는 공주를 막지 못했고, 오히려 늘씬하게 쭉 뻗은 다리로 신발도 신지 않고 달리는 아탈란타를 보고 싶어 한바탕 난리가 나기도 했어.

빨갛게 달아오른 뺨, 시냇물처럼 구불거리는 황금빛 머리카락을 흩날리며 달리는 아탈란타를 보고 있노라면 싱그러운 아침 해를 맞이하는 기분처럼 가슴이 뻥 뚫리는 것 같았거든. 그 아름다움에 반한 화가들은 화구를 들고 나와 그림을 그렸고, 시인들은 시를 읊었으며, 가수들은 노래를 불렀지.

"아탈란타 공주님, 사랑합니다. 저와 결혼해 주십시오."

그녀를 한번 본 총각들은 애가 닳아 청혼을 했어.

「너는 결혼하면 안 된다! 결혼하면 반드시 불행해질 것이다.」

하지만 자신의 운명에 대한 신의 뜻을 들은 적 있는 아탈란타는 고집스럽게 버텼지.

"저는 결혼하고 싶지 않아요. 그런데도 꼭 결혼하고 싶다면 저와 달리기를 해서 이기세요. 만약 지게 되면 목숨을 잃게 될 것입니다."

무시무시한 조건이었지만, 아탈란타에게 반한 남자들은 아랑곳하지 않고 도전했어. '아무려면 여자에게 지겠어?' 라고 생각했던 거지. 그 결과, 많은 남자들이 결국 목숨을 잃었어. 달리기로는 그 누구도 아탈란타를 이길 수 없었거든.

"말도 안 되는 짓이야. 그깟 여자 때문에 하나밖에 없는 목숨을 내걸다니!"

잘생긴 청년 히포마네스는 코웃음을 쳤지만, 그런 히포마네스도 아름다운 아탈란타를 보자마자 그만 사랑에 빠졌지.

"아, 아탈란타! 나와 결혼해 주시오."

'내가 아무리 힘껏 달린다 해도 그녀를 이길 수는 없을 텐데……'

아탈란타에게 청혼해 놓고 고민을 거듭하던 히포마네스는 결국 사랑의 여신 아프로디테에게 도움을 청했어.

"아프로디테 여신이여! 제 마음이 사랑으로 불타 죽을 듯합니다. 제발 경주에서 이길 수 있게 도와주세요."

사실 아프로디테도 더 이상 청년들을 잃고 싶지 않던 참이었기에 히포마네스의 청을 들어주기로 했어. 아프로디테는 곧장 키프로스 섬으로 가서 따사로운 햇살을 받아 눈부시게 빛나는 황금 사과 3개를 따 왔지. 아프로디테는 히포마네스에게 3개의 황금 사과를 건네며 말했어.

"뒤처질 때마다 황금 사과를 하나씩 아탈란타 쪽으로 굴리거라!"

히포마네스는 감격에 겨워 무릎을 꿇고 눈부시게 빛나는 황금 사과를 받았어. 둥글고 묵직한 황금 사과는 마치 작은 태양과 같았지.

다음 날, 히포마네스는 소중한 황금 사과 3개를 옷 속에 넣고는 광장으로 갔어. 이미 광장에는 경주를 보려고 수많은 사람들이 모여 있었지.

"이번만큼은 히포마네스가 이겨 아탈란타 공주와 결혼을 하면 좋겠어."

"그거야말로 우리 모두의 바람이 아닌가. 그렇게 되면 왕께서도 아주 기뻐하실 거야!"

출발 신호와 동시에 두 사람이 달려 나갔지만, 눈 깜짝할 사이에 아탈란타가 발에 날개를 단 듯 앞서 나가기 시작했어. 히포마네스도 온 힘을 다했지만 아탈란타의 뒤꽁무니만 바라볼 수밖에 없었지.

여기서 거리가 더 벌어지면 끝이라고 생각한 히포마네스는 얼른 황금 사과 1개를 꺼내 아탈란타 쪽으로 굴렸어. 마치 태양의 수레바퀴처럼 번쩍거리며 데굴데굴 굴러가는 황금 사과는 단숨에 아탈란타의 눈길을 끌었지.

"아! 저 반짝이는 건 뭐지?"

아탈란타는 자신도 모르게 달리는 속도를 늦추고는 황금 사과를 줍기 위해 몸을 굽혔어. 그녀가 번쩍번쩍 빛나는 황금 사과에 한눈을 판 사이, 히포마네스가 그녀를 재빠르게 앞질러 나갔지.

"우아! 히포마네스! 히포마네스!"

아탈란타를 앞지른 청혼자를 처음 본 사람들은 흥분해서 히포마네스를 환호하기 시작했어.

그 소리에 정신이 번쩍 든 아탈란타는 황금 사과를 들고 다시 달리기 시작했지. 치타처럼 빠르게!

아탈란타는 곧 무척 빠른 속도로 히포마네스를 따라잡았어. 히포마네스는 젖 먹던 힘까지 짜내서 힘껏 달렸지만 아탈란타에게 이기는 것은 힘들다고 느꼈어. 두 사람 사이가 또 벌어지려고 하자 히포마네스는 하는 수 없이 두 번째 황금 사과를 꺼내 굴렸어.

별처럼 빛나는 황금 사과에 또다시 그녀의 눈길이 쏠렸고, 욕심이 생긴 아탈란타는 다시 달리기를 멈추고 황금 사과를 주웠어. 달리기 실력에 자신이 있었거든.

그사이에 히포마네스가 또다시 앞질러 갔지.

"히포마네스! 히포마네스!"

흥분한 사람들이 히포마네스와 함께 달리며 소리쳤어. 그 소리에 아차 싶었던 아탈란타는 두 번째 황금 사과를 집어 들고 달리기 시작했어. 2개의 황금 사과를 들고 달리면서도 아탈란타는 바람을 타고 있는 것처럼 빨랐고, 얼마 안 가서 히포마네스를 따라잡고는 곧 앞서 나갔지. 상황이 그렇게 되자 어쩔 수 없이 히포마네스는 마지막 황금 사과를 굴리며 속으로 빌었어.

'아프로디테 여신이여, 당신의 황금 사과에 힘을 내려 제가 이길 수 있도록 도와주소서.'

또 굴러 온 황금 사과를 보며 주울까 말까? 아탈란타는 잠시 망설였어. 결승점이 코앞이었거든.

하지만 첫 번째, 두 번째 사과보다 더 탐스러워 보이는 황금 사과의 유혹에 끌려 결국 아탈란타는 다시 달리기를 멈추었지.

"히포마네스, 만세! 히포마네스가 아탈란타를 이겼다."

결승점을 통과한 히포마네스를 둘러싸고 사람들은 기뻐했어. 달리기의 명수인 아탈란타가 황금 사과를 줍다가 히포마네스에게 지고 만 거야.

비록 시합에는 졌지만 아탈란타의 기분은 좋았어. 신들만이 가질 수 있는 황금 사과를 3개나 얻었잖아? 잘생기고 멋진 히포마네스도 마음에 들었지.

마침내 두 사람은 수많은 사람들의 축복 속에 결혼을 했어. 하지만 행복은 그리 오래가지 않았지. 히포마네스가 아프로디테 여신의 도움을 까맣게 잊어버리고 감사의 마음을 전하지 않았거든. 화가 잔뜩 난 아프로디테는 두 사람을 충동질하여 키벨레 여신의 노여움을 사게 만들었고, 키벨레 여신은 두 사람을 사자로 만들어 죽을 때까지 자신의 마차를 끌게 했어.

황금 사과를 가지고 싶은 욕심 때문에 달리기 시합에 져서 결혼을 하게 됐지만, 결국 결혼을 하면 반드시 불행해진다는 신의 뜻이 딱 들어맞은 거야.

신화 속 여성 영웅, 아탈란타

1. 신화란 무엇일까?

신화는 신이나 신과 같은 존재에 대한 신비롭고 환상적인 이야기를 말해. 민족의 기원이나 역사, 설화 등을 주된 내용으로 하기 때문에 어느 민족에나 존재하지만, 그중 고대 그리스 시대에 만들어진 신화가 가장 유명하지. 우주가 처음 시작된 때의 신들, 올림포스의 신들이 등장하기 전에 세계를 지배했던 거인족인 티탄, 제우스나 헤라와 같이 올림포스를 대표하는 12명의 신, 그 밖의 신들과 요정, 영웅들의 이야기 등은 오늘날 서양 문화 전체에 영향을 미쳤을 만큼 범위가 넓고 내용이 풍부해.

2. 아탈란타의 이름에 담긴 의미는 무엇일까?

아탈란타라는 이름에는 '남자에 맞먹는 여자'라는 뜻이 담겨 있어. 그래서일까? 아탈란타는 사냥 실력이 뛰어났으며 어떤 영웅들보다 빠르게 달릴 수 있었지. 게다가 남자 영웅 못지않은 힘을 가지고 있었다는 이야기도 전해지고 있어.

고대 그리스의 에피다우로스 지방에 있는 '아탈란타의 샘'은 사냥 도중 갈증을 느낀 아탈란타가 창으로 바위를 깨어 찾아냈다고 해.

3. 칼리돈의 멧돼지 사냥 대회

칼리돈의 왕 오이네우스가 풍년이 든 것에 감사제를 올리면서 사냥의 여신 아르테미스를 깜빡했어. 분노한 아르테미스는 하녀를 거대한 멧돼지로 만들어 칼리돈으로 보냈고, 이 멧돼지가 사람들에게 큰 피해를 끼치자 칼리돈의 왕자 멜레아그로스가 영웅들을 불러 모아 멧돼지 사냥에 나선 거야. 이 때 아탈란타가 남자 영웅들을 제치고 맹활약을 펼쳐. 아탈란타의 모습에 반한 멜레아그로스는 그녀를 무시하는 외삼촌들을 죽였고, 멜레아그로스의 어머니는 동생들의 복수를 위해 멜레아그로스의 수명과도 같은 장작개비를 난로 속에 넣어 버리지. 아탈란타를 사랑한 멜레아그로스는 운명을 피하지 못하고 불길에 휩싸여 타버렸어.

4. 키벨레 여신은 누구일까?

키벨레는 풍요와 다산에 관련된 일을 관리하고 산과 수풀을 지키는 역할을 했던 여신이야. 특히 로마 제국 시대에 키벨레 여신을 많이 숭배했지. 키벨레는 작은 탑이 달린 관을 쓰고 두 마리 사자가 이끄는 전차를 타고 다니는데, 이 사자들이 바로 아탈란타와 히포메네스가 변한 모습이라고 해.

키벨레 여신

🌸 짐승들의 젖을 먹고 자란 신화 속 존재들

숲 속에 버려진 아탈란타는 암곰의 젖을 먹고 자라서 남자 영웅들의 능력을 뛰어넘는 여성 영웅으로 이름을 떨치면서 아르카디아의 공주라는 제자리를 찾게 되었어. 신화를 읽다 보면 짐승들의 젖을 먹고 자란 인물들의 이야기가 자주 등장해. 이탈리아의 티베르 강에 버려진 로물루스와 레무스 형제는 늑대의 젖을 먹고 자라다가 양치기에게 발견되어 보살핌을 받았고, 훗날 로마를 세웠다고 해.

늑대 젖을 먹는 로물루스와 레무스 형제

🌸 아탈란타와 달리기 시합

아탈란타는 히포마네스와의 달리기 시합이 끝난 후에도 달리기 시합에 열광하는 사람들을 위해 올림피아에 달리기 경기장을 만들어 시합을 계속 열었다고 해. 실제로 고대 그리스인들은 아탈란타처럼 맨발로 뛰었대. 그 시대 사람들이 올림픽 경기에 참가한 목적은 이기기 위해서가 아니라 몸과 마음을 최고의 상태로 만들기 위한 것이었어.

오늘날 남아 있는 올림피아 유적

세상에서 가장 특별한 사과 이야기

4

미술의 새로운 장을 연

세잔의 사과

"나는 사과 하나로 파리를 놀라게 할 거야!"
세잔은 친구 에밀을 향해 큰소리를 쳤어.
그리고 날마다 사과만을 반복해서 그린 끝에
20세기 현대 미술의 장을 활짝 열어젖혔지.
세잔의 사과 그림은 도대체 어떤 점이 특별했을까?

폴 세잔은 사물을 완전히 새로운 방식으로 묘사해 낸 화가야. 특히 그는 과일이야말로 물체의 입체적인 모습을 표현하는 데 적합하다고 여겼고 그중에서도 사과 그림을 많이 남겼지. 그는 왜 유독 사과 그림을 많이 그렸을까? 아마 어린 시절 친구와의 잊을 수 없는 추억 때문일 거야.

"제발, 그만해!"

운동장 한구석에서 외침 소리가 들려왔어. 아이들이 빙 둘러서서 돌아가며 에밀을 한 대씩 쥐어박고 있었지. 밀치고 주먹으로 때리고 심지어 발로 차기도 했어. 에밀은 몸집이 작은 데다가 가난했기 때문에 반 아이들이 만만하게 생각하고 자주 괴롭혔거든.

그날도 에밀을 괴롭히고 있는 아이들을 본 세잔은 코뿔소처럼 달려가 주먹을 날리며 호통을 쳤어.

"나쁜 자식들! 한 번만 더 에밀을 괴롭히기만 해 봐. 그땐 내가 가만두지 않을 거야!"

아이들은 세잔의 눈치를 보며 슬금슬금 물러났어. 세잔은 부유한 은행가의 아들로, 화가 나면 아이들을 들어 올려 집어 던질 만큼 무서운 데가 있었어.

며칠 후, 에밀은 고마운 마음을 담아 나무에서 갓 딴 사과를 세잔에게 선물했어.

"세잔, 네 덕분에 애들이 나를 더 이상 괴롭히지 않아. 이건 나의 고마움을 담은 작은 선물이야."

사과를 받은 세잔은 진정한 친구가 생긴 것 같아서 너무 기뻤어. 그 마음을 표현하고자 사과 향기를 맡으며 밤새워 사과를 그렸지.
　"에밀, 난 네가 준 사과를 그냥 먹어 버릴 수가 없었어. 우정의 표시로 남기고 싶어서 그려 봤는데……."
　에밀은 세잔이 내미는 사과 그림을 보고 깜짝 놀랐어.
　"오! 세잔. 이게 정말 네가 그린 거니? 이 세상 어떤 아이도 너처럼 그리지는 못할 거야. 넌 내가 준 평범한 사과를 예술로 바꾸었구나!"
　그 후로 세잔과 에밀은 둘도 없는 친구가 되었어. 학교가 끝나면 근처에 있는 강가나 채석장을 돌아다니며 목탄으로 그림을 그리거나 글을 썼고, 풀밭에 앉아 많은 이야기를 나누며 우정을 쌓아 나갔지.

세잔은 화가가 되기를 꿈꾸었으나 아버지의 강요에 못 이겨 미대를 포기하고 1859년 엑스대학교 법학과에 입학했어. 마지못해 법학을 전공하던 세잔은 전공 공부를 등한시하고 대부분의 시간을 데생 전문학교에서 보냈어. 그러다 보니 대학 생활은 엉망이었고, 아버지와 자주 충돌하였지. 세잔이 완고한 아버지와 마찰을 겪으며 방황하던 어느 날, 에밀이 찾아왔어.

"세잔, 난 여기보다 넓은 파리로 가서 공부할 거야. 글을 쓰는 작가가 되고 싶어. 너도 나와 함께 파리로 가서 집중적으로 미술을 공부하는 게 어때?"

에밀의 설득과 아버지의 반대 사이에서 고민하던 세잔은 1861년, 법학 공부를 그만두고 드디어 파리로 향했어.

"반드시 후회하게 될 거다. 돈 잘 버는 법률가의 길을 놔두고 하필이면 가난한 화가가 되겠다니 정말 한심하구나!"

세잔의 아버지는 그가 파리로 가는 것을 끝까지 반대했지. 파리에 도착한 세잔은 미술을 본격적으로 배우고 싶어 국립 미술 학교에 들어가기 위해 노력했어. 그런데 다른 학생들처럼 타고난 소질이 없다는 것을 알게 되자 곧 심각한 우울증에 빠졌고, 결국 6개월 만에 고향인 엑상프로방스로 돌아올 수밖에 없었어.

고향에서 지친 마음을 추스르며 열심히 그림을 그린 세잔은 1862년, 다시 파리로 가서 미술 전람회를 준비했어. 하지만 매번 탈락하자 더욱더 자신만의 그림 세계로 빠져들었지.

반면에 에밀은 이미 미술 비평가로 활발하게 활동하고 있었고, 세잔에게 모네, 드가, 르누아르 같은 당시 유명한 인상파 화가들을 소개해 주었어.

하지만 세잔은 에밀이 소개해 준 화가들과 어울리기 보다는 꼼짝도 않고 하루 온종일 화실에 틀어박혀 사과만 그려 댔지. 에밀은 세잔이 도대체 무슨 생각으로 사과만 그리고 있는지 궁금해서 하루는 시간을 내어 세잔의 화실에 들렀어. 세잔은 여전히 자신만의 방식으로 사과를 그리느라 여념이 없었고, 에밀은 그러고 있는 세잔이 못마땅하고 이해할 수 없었지.

"세잔! 도대체 뭐 하는 거야? 아니, 왜 별 볼일 없는 사과만 계속 그리고 있냐고!"

"뭐라고 했어? 별 볼일 없는 사과라고?"

"난 자네가 정치에도 참여하고 좀 더 크고 대담한 그림을 그리길 바랐다고. 자네처럼 재능 있는 사람이라면 그러는 것이 당연한 거잖아. 안 그래? 그러니 세잔, 작고 볼품없는 사과 하나 그리는 일에 힘을 쏟지 말고 그럴싸한 그림을 그려 봐. 사실 이건 그림이라고도 할 수 없는 거잖아. 물감이나 덕지덕지 덧칠하다니. 완전히 실패한 그림이라고!"

세잔은 화가 나서 부들부들 떨며 말했어.

"함부로 말하지 마! 난 남들이 그리지 않는 나만의 그림을 그릴 거야. 나는 사과 하나로 파리를 놀라게 할 거라고!"

세잔이 원하는 것은 바로 사과 그림을 통해 '사과의 영혼'을 끌어내겠다는 의미였지만, 그것을 이해하지 못했던 에밀은 얼굴을 붉힌 채 화실을 나가며 세잔에게 소리쳤어.

"사람들이 자네더러 뭐라고 하는지 알기나 해? 미친 화가라고 하지. 사과만 그리는 것도 모자라 못생기고 이상한 색깔의 사과를 그린다는 거야. 도대체 누가 그런 그림을 좋아하지?"

그토록 친했던 에밀조차도 이해하지 못했던 세잔의 그림에 대해 사람들은 '더덕더덕 칠해진 형편없는 것'이라고 조롱하기 일쑤였지.

유명한 소설가로 명성을 얻고 있던 에밀이 1886년 《작품》이라는 소설을 발표하면서 악화되어 가던 세잔과 에밀의 30년 우정은 완전히 끝나 버렸어. 《작품》은 천재 화가인 주인공이 걸작을 그리겠다는 일념에 몸과 마음을 불사르다가 비참한 최후를 맞이하는 이야기였거든.

세잔은 소설 속 주인공이 바로 자신이라는 것을 눈치채고는 충격에 빠지고 말았어. 수십 년 동안 에밀과 나누었던 모든 것이 조롱 당한 느낌이었지. 그래서 에밀에게 편지와 함께 더 이상은 어린 시절의 우정을 간직하지 않겠다는 의미로 사과 1개를 보냈다고 해.

에밀과의 우정이 그렇게 끝난 후에도 고집쟁이 세잔은 여전히, 사과만을, 그것도 아주 이상한 방식으로 묵묵히 그리고 또 그렸어. 비록 사과 모양이 일그러지고 썩어 문드러진 것처럼 보이더라도 영원히 변치 않는 사과의 본모습을 그리고 싶었던 거야.

확실히 세잔의 사과 그림은 멀리서 보면 놀라운 점이 있었어. 언뜻 보아서는 알 수 없는 거였지. 산만해 보이는 붓질도 깊이 들여다보면 전체적으로 완벽한 모양을 갖고 있는 데다 묘한 생기를 띠고 있었거든. 붓질 하나하나마다 세잔의 고민과 생각이 담겨 있는 게 그대로 느껴졌지.

파리의 유명한 미술상이었던 앙브루아즈 볼라르는 그런 세잔의 그림을 아주 좋아해서 세잔에게 자신의 초상화를 여러 번 부탁했어.

"자네가 만약 사과처럼 가만히 있겠다면 그려 주겠네."

그날부터 볼라르는 날마다 의자에 앉아 손가락 하나 까닥하지 못하는 모델이 되었지.

"당장 일어나! 도대체 움직이는 사과가 어디 있나?"

사물처럼 가만히 있는 것이 너무 힘들어 피곤에 지친 볼라르가 깜박 졸자 세잔의 벼락같은 호통 소리가 들려왔어. 괴팍하기로 소문난 세잔이 불같이 화를 내자, 볼라르는 눈을 번쩍 뜨고 자세를 고쳐 바로 앉았지. 그러고는 다시 완벽한 사과가 되기 위해 노력했다고 해.

볼라르는 초상화 작업을 하면서 세잔이 한 점의 정물화를 완성하기 위해 얼마나 노력하는지를 알게 되었어. 정물화 한 점을 그리기 위해 100회를 작업하고, 초상화를 그릴 때는 모델을 150번이나 자리에 똑같이 앉힌다는 사실도 알았지. 볼라르는 그러면서도 늘 재능이 부족하다고 여기며 더 좋은 그림을 그리기 위해 애썼던 세잔을 진심으로 존경했어.

세잔은 대부분의 시간을 고향인 엑상프로방스에서 보내며 자신만의 그림을 더 깊이 연구했어. 사물이나 자연을 공 모양이나 원기둥, 원뿔과 같이 단순한 형태로 나타내면서, 마치 과학자가 원자를 찾듯 사물을 이루고 있는 기본 모양을 분석했어. 여러 방향에서 보이는 사물의 모습 하나하나를 그림에 담았지.

"세잔의 사과 그림은 보이는 면에 따라 각각 다르죠. 기존의 사과 그림은 거의 같잖아요? 가장 밝은 부분, 가장 어두운 부분, 그림자 이런 식으로 빛이 닿는 면이 똑같은데, 세잔은 평면 속에 보이지 않는 또 다른 면을 표현했어요. 그래서 세잔의 사과는 보면 볼수록 입체적으로 보이는 거죠."

사람들은 점점 세잔의 사과가 보여 주는 오묘한 매력에 빠져 들기 시작했어.

"세잔은 사과의 형태를 그리기 위해 눈에 보이는 색만을 칠하지 않았어요. 붓으로 여러 번 덧칠해 불타는 색채가 드러나도록 했죠. 색을 이루는 많은 조각들을 수없이 계산한 끝에 표현함으로써 입체적인 이미지를 만들어 낸 거예요."

프랑스의 상징주의 화가이자 미술 평론가였던 모리스 드니는 이렇게도 말했어.

"평범한 사과는 먹고 싶지만 세잔의 사과는 껍질을 벗기고 싶지 않아요. 확실히 그저 잘 그린 사과는 입에 군침을 돌게 합니다. 하지만 세잔의 사과는 우리 마음에 말을 건네죠."

1882년 세잔이 처음으로 미술 전람회를 통과하고, 1895년 볼라르가 세잔의 그림을 모아 전시회를 연 이후 수집가들은 점점 세잔이라는 화가에게 관심을 보이기 시작했어. 하지만 건강이 좋지 않았던 세잔은 가족과 떨어져 고향에서 혼자 지내며 끊임없이 탐구하고 작업을 지속했지. 세잔은 1906년 사망할 때까지 고향의 자연을 화폭에 담고, 사람들을 그리며 마지막까지 평생 추구했던 예술의 꿈을 실현하고자 고집스럽게 노력했던 거야.

훗날 세잔의 그림들은 마티스와 피카소 같은 미술가에게 강한 영향을 끼치게 돼. 사실 세잔이 없었다면 피카소도 없었다고 할 수 있을 만큼 피카소는 세잔의 그림을 연구하였고 다음과 같은 말을 남겼어.

"세잔은 나의 유일한 스승이다. …… 나는 그의 그림을 보았다. 아니 그것을 여러 해 동안 연구했다. 세잔은 우리 모두에게 아버지 같은 사람이다."

피카소를 단숨에 유명하게 만든 '입체파'의 길을 세잔의 사과가 닦아 놓았던 거야. 입체파는 '자연물의 모든 형태는 공 모양이나 원기둥, 원뿔 모양으로 구성되어 있다.'는 세잔의 이론을 이어받았어. 입체파는 화가가 캔버스의 평면에서 보이지 않는 다른 면을 함께 주관적으로 재구성하여 표현하며 정면과 측면을 뒤죽박죽 섞어서 입체적으로 보이게 하는 그림을 그렸지.

사과 한 알로 파리를 깜짝 놀라게 하겠다던 고집불통 세잔이 20세기 현대 미술의 장을 활짝 열어 주었던 거야.

폴 세잔의 〈정물, 주름잡힌 천, 항아리와 과일접시〉, 1893~94년 작, 휘트니 컬렉션 소장

입체파의 바탕을 마련한 폴 세잔

1. 폴 세잔의 작품 세계

폴 세잔은 초기에는 인상파에 가까웠지만, 점차 스타일이 변해 후기 인상파를 대표하는 작가로 꼽혀. 나아가 점차 구도와 현상을 단순화한 거친 붓질로 독자적인 방식을 만들어 내 '근대 회화의 아버지'라고 불리게 됐지. 인상파는 19세기 후반에 프랑스를 중심으로 일어난 미술 운동인데, 빛에 따라 시시각각으로 변화하는 순간의 인상을 포착하고, 빛에 따른 색의 변화까지 고려한 살아 있는 그림을 그리려고 했어.

폴 세잔의 〈자화상〉, 1895년경 작, 개인 소장

후기 인상파는 인상파의 색채 기법은 따르면서도 인상파가 추구하던 객관적인 묘사에 만족하지 않고 작가의 주관적인 감정 표현을 중시하여 살리려고 했던 미술가들로, 세잔, 반 고흐, 고갱 등이 있어.

폴 세잔의 〈카드놀이 하는 사람들〉, 1892~93년 작, 메트로폴리탄 미술관 소장

폴 세잔의 〈생트 빅투아르 산〉, 1904년 작, 필라델피아 미술관 소장

2. 입체파의 시초인 폴 세잔

입체파는 20세기 초에 프랑스 파리에서 일어난 미술 운동으로, 사물의 구조를 입체적으로 나타내려고 했어. 사물을 한 방향이 아니라 여러 방향에서 본 모습을 모으면 더 잘 이해할 수 있다고 생각하고, 여러 시점에서 본 형태를 한 화면에 그렸지. 3차원의 사물을 2차원의 화면에 담아내려니 자연히 정육면체가 많아졌고, 그래서 입체파라는 이름이 생겨났어.

세잔은 한 화면에 오른쪽 그림과 같이 다른 눈높이에서 본 과일 접시를 그렸는데, 다양한 모습을 한 화면에 담는 것이 사물의 본질적인 모습을 나타낼 수 있다고 여긴 그의 기법은 입체주의를 본격적으로 시도한 파블로 피카소에게 큰 영향을 주었어.

폴 세잔의 〈과일 접시가 있는 정물〉, 1879~80년 작, 개인 소장

3. 에밀 졸라는 누구일까?

에밀 졸라는 19세기를 대표하는 프랑스의 유명한 소설가야. 에밀은 가난한 어린 시절을 보냈기 때문에 가난하고 버림받은 사람들의 생활을 그 누구보다 이해했고 그의 소설 속에 잘 표현해 냈지. 에밀은 인간의 욕망을 적나라하게 묘사하고 과학적으로 분석함으로써 삶의 진실에 접근하고자 하였던 자연주의 문학을 대표하였으며, 죽은 후에는 팡테옹 국립묘지에 묻힐 정도로 프랑스 사람들에게 인정받았어.

에밀 졸라

엑상프로방스는 '세잔의 도시'라고?

엑상프로방스의 옛이름은 '아쿠아이 섹스티아이'로 고대 온천에서 유래했어. 물이 유명하고 분수가 많은 지역이지. 또한 프랑스 대학의 30% 이상이 있는 곳이어서 '대학의 도시'로도 유명해. 하지만 가장 유명한 별칭은 '세잔의 도시'라는 거야. 엑상프로방스는 세잔이 태어나 대부분의 생을 보낸 곳으로, 거리 곳곳에 새겨진 'C'라는 머리글자는 세잔을 의미하고 그가 고향을 배경으로 그린 60여 점의 풍경화 덕분에 엑상프로방스는 전 세계적으로 유명해졌어.

엑상프로방스에 있는 폴 세잔의 동상

폴 세잔을 세상에 알린 앙브루아즈 볼라르

앙브루아즈 볼라르는 폴 세잔의 작품 세계를 알아보고 적극적으로 후원해 준 미술상이야.

세잔은 1895년 12월이 되어서야 볼라르의 갤러리에서 첫 번째 개인전을 열 수 있었지. 게다가 볼라르는 세잔의 전기를 쓰고 도록을 남겨 그가 세상 사람들과 소통할 수 있도록 힘썼어.

폴 세잔의 〈앙브루아즈 볼라르의 초상〉, 1899년 작, 아비뇽 프티팔레 미술관 소장

세상에서 가장 특별한 사과 이야기

5

헤라클레스의 죄를 씻을
황금 사과를 찾아서

그리스 신화에 나오는 신들은 인간과 크게 다르지 않았어.
화내고 질투하며 심술을 부리거나 싸우기도 했지.
제우스의 아내였던 헤라는 질투가 많던 여신으로
헤라클레스를 미워하여 갖은 방법으로 괴롭혔어.
헤라클레스가 황금 사과를 찾아다녔던 까닭도
따져 보면 헤라 때문이었다는데…….
어떻게 된 일인지 한번 살펴볼까?

 신들의 왕인 제우스는 인간과 자주 사랑에 빠져 여러 자식을 낳았어. 그중에서 헤라클레스가 가장 유명하지.

"오늘 페르세우스 가문에서 가장 먼저 태어나게 될 아이의 이름은 헤라클레스다. 이 아이는 장차 세상에서 가장 위대한 영웅이자 왕이 될 것이야!"

바람둥이 신인 제우스가 큰소리를 쳤어. 아내인 헤라 여신 몰래 페르세우스의 손녀인 알크메네에게서 아들을 얻게 되었거든. 제우스의 바람기에 화가 머리끝까지 난 헤라는 출산의 여신에게 명령하여 헤라클레스의 출산을 늦추고는 알크메네의 삼촌이 먼저 아들을 보도록 했지. 헤라는 7개월 만에 태어난 사내아이에게 에우리스테우스라는 이름을 지어 주고 미케네의 왕으로 만들어 줬지만, 달을 다 못 채우고 태어난 탓인지 에우리스테우스는 어리석고 겁이 많았어.

그뿐만이 아니었어. 헤라는 8개월밖에 안된 헤라클레스의 요람에 독사를 집어넣었지.

"독사들아, 저 어린놈을 물어 고통스럽게 죽여라!"

하지만 제우스를 닮아 힘이 세고 용감한 헤라클레스는 갓난아이임에도 불구하고 독사 두 마리의 목을 졸라 죽였어.

두 마리의 뱀을 목 졸라 죽이는 아기 헤라클레스

헤라클레스는 자라면서 영웅으로서 세상에 이름을 알렸고, 아름다운 아내를 맞아 세 아들도 낳았어. 헤라클레스가 행복하게 사는 모습을 보고 참을 수가 없었던 헤라는 저주를 내려 헤라클레스를 미치게 만들었어. 헤라에 의해 정신이 뒤죽박죽해진 상태에서 헤라클레스는 제 손으로 가족을 죽여 버렸고, 얼마 후에 제정신이 돌아온 그는 자신이 한 짓을 깨닫고 대성통곡했어.

"내가 아들을 불구덩이에 던져 버렸다고? 이 죄를 어떻게 씻지?"

가족을 잃은 슬픔에 넋이 나간 헤라클레스는 떠돌아다니다가 신전을 찾아 죄를 고하였고, 신들은 그에게 다음과 같은 신탁을 내렸어.

"에우리스테우스가 시키는 12가지 일을 모두 해내면, 네 죄를 씻을 수 있을 것이다."

에우리스테우스가 시키는 일들은 모두 위험천만했지만, 열한 번째 임무는 특히나 심했어.

"헤라 여신이 결혼할 때 땅의 여신 가이아로부터 선물로 받은 나무가 있다. 그 나무에서 열린 황금 사과를 가져오너라!"

'황금 사과가 열리는 나무는 도대체 어디에 있는 거지?'

헤라클레스는 막막했지만 무작정 황금 사과를 찾아 길을 나섰어. 길을 가다가 요정을 만나면 묻고 또 물었지.

"헤라 여신이 결혼 선물로 받은 사과나무가 어디에 있는지 아시오? 황금 사과가 열린다는데……."

"아휴, 그걸 어떻게 알아요? 그건 아무도 모를 거예요."

그렇게 황금 사과가 열리는 나무를 찾아다니는데, 하루는 강 건너편에서 요정이 이런 노래를 부르는 거야.

"바다의 노인 네레우스는 모든 것을 안다네.
번쩍번쩍 빛나는 황금 사과나무를 심는 것을 본 유일한 목격자!
그 영광을 맛본 대가는 황금 사과를 찾는 사람들로부터 도망치는 것.
변신술에 뛰어난 네레우스여, 바다 속 깊은 곳으로 꼭꼭 숨어라!"

헤라클레스는 곧 그 노래가 무슨 뜻인지 알아채고는 온 바다를 뒤지며 네레우스를 찾아다녔어. 헤라클레스는 네레우스를 찾아내 꼭 잡고 놓지 않았지. 네레우스는 헤라클레스로부터 도망치기 위해 얼른 매끈매끈한 돌고래로 변했어. 그래도 벗어나지 못하자 해표로 변했다가 물뱀으로도 변신했지. 그럴수록 헤라클레스는 네레우스를 놓치지 않기 위해 더욱더 손아귀에 힘을 주었어. 마침내 헤라클레스의 힘에 눌린 네레우스가 버둥거리며 소리쳤어.

"캑! 캑! 캑! 제발 나 좀 살려 주게. 도대체 왜 이러시나?"

"헤라 여신의 황금 사과나무가 어디 있는지 알려 주시오!"

"그 일이라면 나에게 이러지 말게. 코, 코카서스 바위에 묶여 벌을 받고 있는, 캑! 프로메테우스에게 도움을 청하게."

네레우스의 말을 듣고 헤라클레스는 부리나케 코카서스의 산꼭대기로 올라갔어. 그곳에는 프로메테우스가 쇠사슬에 묶인 채, 독수리에게 간을 쪼아 먹히고 있었지.

"당장 저 독수리부터 해치워 버려야겠다."

헤라클레스는 즉시 활을 쏘아 독수리를 죽여 버리고는 프로메테우스의 쇠사슬을 풀어 주었어.

"헤라클레스, 고맙네. 언젠가 자네가 나타나 이 쇠사슬을 끊어줄 줄 알았지."

"프로메테우스, 저는 헤라 여신의 황금 사과나무를 찾고 있습니다."

"알고 있다네. 세계의 서쪽 끝에 있는 아틀라스에게 가 보게."

"아틀라스가 정말 황금 사과를 구해 줄 수 있을까요?"

"황금 사과나무는 인간의 접근이 금지된 동산에 있다네. 게다가 헤스페리데스 자매와 머리가 여러 개 달린 무시무시한 라돈이 지키고 있지. 헤스페리데스 자매는 아틀라스의 딸이니까 그러면 헤라 여신의 황금 사과를 구할 수 있을 거야."

헤라클레스는 포기하지 않고 다시 세계의 서쪽 끝으로 갔어. 그곳에서 땀을 비 오듯 흘리며 힘들게 하늘을 떠받치고 있는 아틀라스를 보았지.

"아틀라스여! 당신은 정말 위대하시군요. 저는 오늘에야 당신의 수고 덕분에 하늘이 무너지지 않고 있다는 걸 똑똑히 보았답니다."

아틀라스는 자신의 고생을 알아주는 헤라클레스에게 감동했어.

"아틀라스여, 부탁이 하나 있습니다. 제가 대신 하늘을 떠받치고 있을 테니 헤라 여신의 황금 사과를 구해다 주세요."

"헤라 여신의 황금 사과를? 그것을 왜 구하는 거지?"

"제 죄를 씻기 위해서는 헤라 여신의 황금 사과를 구해 오라는 에우리스테우스의 명령을 따라야 합니다."

아틀라스는 잠시 생각했어. 자신이 거절한다고 해도 헤라클레스는 결국 황금 사과를 딸 것이고, 그렇다는 것은 황금 사과를 지키고 있는 딸들이 헤라클레스에게 위협을 받을 수 있다는 의미였거든.

"조, 좋아. 내가 황금 사과를 구해다 주지. 그 동안에 나 대신 이 하늘을 떠받치고 있어 주게."

"정말 그렇게 해 주시겠습니까? 감사합니다."

으랏차차! 헤라클레스는 젖 먹던 힘까지 끌어모아 아틀라스에게 넘겨받은 하늘을 떠받쳤어.

무거운 하늘에서 벗어난 아틀라스는 날아갈 것만 같은 발걸음으로 한달음에 자신의 딸들이 있는 동산으로 갔어. 가까이 갈수록 그리운 딸들의 노랫소리가 들려왔지.

"이 아름다운 노랫소리는 내 딸들이 분명해! 아이클레, 아레투사, 헤스페리아!"

아버지의 부름에 깜짝 놀란 딸들이 주위를 두리번거리다 아틀라스를 보고 다가왔어.

"오, 아버지. 여기에 어떻게 오셨어요? 하늘은 어떡하고요?"

"헤라클레스가 나 대신 하늘을 떠받치고 있으니 무너질 염려는 없단다. 그것보다도 오늘 내가 여기에 온 까닭은 헤라 여신의 황금 사과가 필요해서야. 나에게 황금 사과를 다오."

"안 돼요, 아버지! 아시잖아요? 아무리 아버지라고 해도 황금 사과는 드릴 수가 없어요."

"얘들아, 용감한 헤라클레스는 황금 사과를 가질 자격이 충분하단다. 그리고 이것은 신들의 일이라 너희만 화를 입을 테니, 어서 황금 사과를 내게 다오!"

"그, 그럼 조금만 기다리세요. 라돈의 눈을 피해 따서 드릴게요."

딸들은 마지못해 대답하고는 상황을 살폈지만, 머리가 여러 개 달린 라돈의 눈을 피하기는 쉽지 않았어. 자매는 계속 눈치를 보다가 슬금슬금 황금 사과나무 앞으로 다가갔어. 반짝거리는 황금 사과는 두 손을 꽉 채울 만큼 크고 탐스러웠지.

두 명이 망을 보는 사이 한 명이 얼른 황금 사과를 따서 치마에 감췄다가 이를 아버지에게 건네주었고, 아틀라스는 황금 사과를 들고 얼른 헤라클레스에게 돌아왔어. 그런데 하늘을 떠받치고 있는 헤라클레스를 보자 저 일을 다시 해야 한다는 사실에 한숨이 새어 나왔지.

'도대체 언제까지 하늘을 떠받치고 있어야 하나?'

순간, 아틀라스의 마음이 싹 변했어.

"헤라클레스, 이 황금 사과는 정말 어렵게 구했으니 내가 직접 에우리스테우스에게 갖다 주겠네. 그리고 그 무거운 하늘을 떠받치는 일을 다시는 하지 않겠어. 나는 이제 자유의 몸이니까."

헤라클레스는 아틀라스의 마음을 충분히 이해했어. 죽을 때까지 무거운 하늘을 떠받치고 있어야 한다니 얼마나 고통스럽겠어? 그건 누구라도 피하고 싶은 일이었지.

하지만 아틀라스를 이해한다고 해도 황금 사과를 가져가는 일은 자신의 죄를 씻기 위해 꼭 해야만 하는 일이었기에 얼른 꾀를 냈어.

"아틀라스, 그럼 그렇게 하시지요. 그런데 저는 오른손잡이에요. 당신보다 체격도 작은데다 오른손잡이인 제가 왼쪽 어깨로 하늘을 떠받치고 있으려니 하늘이 무너질 것 같이 위태로운데, 하늘을 제 오른쪽 어깨로 좀 옮겨 주시겠어요?"

"좋아. 그 정도야 해 주지. 자, 얼른 오른쪽 어깨로 떠받치게나."

아틀라스는 선뜻 황금 사과를 내려놓고 헤라클레스에게서 하늘을 넘겨받았어. 그 사이에 무거운 하늘에서 벗어난 헤라클레스는 잽싸게 황금 사과를 손에 들고 냅다 달아나며 소리쳤지.

"아틀라스, 죄송해요. 이 은혜는 결코 잊지 않을게요!"

달아나는 헤라클레스를 보며 아틀라스는 크게 낙심했지만, 한편으로는 헤라클레스의 용기와 지혜에 새삼 놀랐어. 어떤 일이라도 포기하지 않고 끝까지 해내고 마는 의지가 진심으로 존경스러웠거든.

헤라클레스는 가까스로 손에 넣은 황금 사과를 에우리스테우스에게 바쳤어.

"에우리스테우스! 여기, 헤라 여신의 황금 사과를 가져왔소."

"헤, 헤라 여신의 황금 사과를 가져왔다고?"

헤라클레스가 헤라 여신의 황금 사과까지 가지고 올 줄 몰랐던 에우리스테우스는 당황했지만 내색할 수 없었어.

바로 그때, 이 일을 안 헤라가 나타나 화를 발칵 냈어. 자신의 뜰에 있는 황금 사과를 주머니에 든 물건 꺼내듯이 쉽게 따 온 헤라클레스의 용기를 인정할 수밖에 없었거든. 헤라는 헤라클레스에게 이런 일을 시켜 자신의 화를 돋운 멍청한 에우리스테우스를 매서운 눈빛으로 노려봤어.

"에우리스테우스, 이 황금 사과는 인간이 가질 수 없는 것이다!"

헤라 여신은 에우리스테우스에게 호통을 치며 황금 사과를 빼앗아 제자리에 갖다 놓았어.

헤라클레스는 어떻게 되었냐고? 결국 12가지 임무를 모두 성공시키고 자신이 지은 죄로부터 벗어날 수 있었지. 여러 가지 불가능한 임무를 해내면서 헤라클레스는 사람들의 입에 오르내렸고, 영웅으로서 이름을 더 떨치게 된 거야.

헤라클레스의 12가지 임무

1. 헤라클레스의 이름에 담긴 의미

헤라클레스라는 이름에는 '헤라의 영광'이라는 뜻이 담겨 있어. 제우스는 태어날 아기에게 헤라클레스라는 이름을 지어 주면 헤라가 친자식처럼 잘 돌봐 줄 거라고 생각했지. 하지만 제우스의 생각과 달리 헤라는 헤라클레스를 미워하며 괴롭혔고, 헤라클레스에게 온갖 고난과 역경을 안겨 줬어.

2. 헤라클레스가 맡은 12가지 임무는 무엇일까?

에우리스테우스는 헤라클레스에게 다음과 같은 12가지 임무를 내렸어.

네메아 골짜기의 성난 사자 물리치기, 레르나 늪에 사는 여러 개의 머리가 달린 물뱀 히드라 없애기, 케리네이아 산에 사는 아르테미스 여신의 암사슴 잡아 오기, 에리만토스 산의 멧돼지 잡아 오기, 아우게이아스 왕의 가축 우리를 하루 만에 청소하기, 스팀

네메아 골짜기의 성난 사자를 물리치는 헤라클레스

팔로스 호숫가의 괴물 새들 없애기, 크레타 섬의 미친 황소 잡아 오기, 디오메데스 왕이 키우는 식인 말 끌고 오기, 아마조네스 여왕인 히폴리테의 허리띠 가져오기, 괴물 게리온의 소 떼 끌고 오기, 헤라 여신의 황금 사과 가져오기, 저승의 문을 지키는 개인 케르베로스 끌고 오기야. 생각만 해도 정말 어렵겠지?

3. 프로메테우스는 왜 벌을 받게 되었을까?

프로메테우스는 제우스가 감추어 둔 불을 훔쳐 인간에게 가져다준 죄를 저질렀어. 게다가 제우스의 미래에 관한 비밀을 알려 주지 않았기 때문에 코카서스 산에 쇠사슬로 묶여, 날마다 낮 동안 독수리에게 그의 간을 쪼아 먹혔지. 그러나 밤이 되면 간은 다시 회복되어 프로메테우스는 죽지도 못하고 영원한 고통을 겪게 되었어.

4. 헤라클레스 별자리

12가지 임무를 다 해낸 헤라클레스는 데이아네이라와 결혼했어. 헤라클레스가 여행 중에 아내와 강을 건너기 위해 켄타우로스 족(상체는 인간, 하체는 말의 모습을 한 종족)인 네소스에게 아내를 태우고 건너가 줄 것을 부탁하자, 네소스는 강을 건너다 헤라클레스의 아내를 납치하려고 했어. 이에 헤라클레스가 히드라의 독을 묻힌 화살을 쏴 그를 죽이자 네소스는 죽어 가면서 데이아네이라에게 자신의 피를 받아 두었다가 남편의 사랑이 식었을 때 사용하면 마음을 돌릴 수 있다는 거짓말을 했지.

시간이 흐른 어느 날, 헤라클레스가 미녀를 포로로 잡아 오자 남편의 사랑을 빼앗길까봐 두려워진 데이아네이라는 네소스의 피를 묻힌 옷을 헤라클레스에게 입혔어. 네소스의 피에 남아 있던 히드라의 독 때문에 고통스러웠던 헤라클레스는 차라리 화장시켜 달라고 부탁하였고, 이를 지켜보던 제우스는 헤라클레스를 하늘로 불러올려 별자리로 만들었대.

헤라클레스 별자리

🌸 헤라클레스 때문에 은하수가 생겼다고?

은하수는 영어로 밀키웨이(Milky Way)라고 하는데, 여기에는 아기 헤라클레스와 관련된 이야기가 전해 오고 있어. 제우스는 헤라클레스임을 밝히지 않고 헤라 여신에게 가여운 아이에게 젖을 물려 달라고 부탁했어.

은하수의 기원

태어날 때부터 힘이 남달랐던 헤라클레스는 배고픔에 헤라 여신의 젖을 물고 힘껏 빨았지. 헤라 여신은 아픔을 느끼며 아기를 가슴에서 떼어 놓았지만 젖은 계속 흘러내려 하늘을 뿌옇게 물들였고, 그대로 굳어지면서 '젖의 길', 즉 은하수가 되었대.

🌸 헤라클레스는 얼마나 힘이 셌을까?

헤라클레스가 아틀라스 산맥을 건너가야 할 일이 있었는데, 그는 거대한 산맥을 오르는 대신 괴력을 발휘해 산줄기를 없애 버렸어. 그 때 바다를 막고 있던 아틀라스 산

유럽에 있는 헤라클레스의 기둥

맥이 갈라지면서 대서양과 지중해가 생겨났고 그 사이의 좁은 바다를 지브롤터 해협이라고 부르고 있어. 부서진 산맥의 한 부분은 유럽의 끝에, 다른 한 부분은 아프리카 북쪽에 남아 있으며 이 두 산줄기를 '헤라클레스의 기둥'이라고 해.

세상에서 가장 특별한 사과 이야기

6

기무라 아키노리의

썩지 않는 기적의 사과

고집쟁이 농부 기무라는 자연 그대로의 사과를
얻기 위해 나뭇잎을 하나하나 정성스레 닦아 주며
사과나무에게 부탁했어.
"꽃을 안 피워도, 열매를 맺지 않아도 좋으니,
제발 말라 죽지만 말아 주세요."
그러자 죽어 가던 사과나무에 기적 같은 일이 일어났지.
어떤 기적이었을까?

 '놀랍군! 썩지 않고 달콤한 사과 향도 그대로야! 바싹 마른 것처럼 조그맣게 오그라들기만 했어!'

기무라 아키노리의 사과로 수프를 만들던 도쿄의 한 레스토랑 주방장이 흥분하며 소리쳤어.

"글쎄, 이것 좀 봐! 기무라의 사과를 반으로 갈라 냉장고 위에 두고 잊어버렸는데 2년이 지나도록 썩지 않았어. 이건 기적의 사과야. 기적의 사과!"

일본에서 기무라의 사과는 기적의 사과로 유명해서, 다른 것보다 비싼 가격임에도 불구하고 판매를 시작하면 3분 만에 다 팔려 버려. 또한 기적의 사과로 만든 수프는 1년 전에 예약을 해야 먹을 수 있을 정도야. 도대체 이 사과는 어떻게 탄생하게 되었을까?

기적의 사과를 탄생시킨 기무라는 1949년 일본 아오모리 현에서 농부의 아들로 태어났어. 가업을 이을 형도 있었고, 기계를 만지거나 숫자를 다루는 것을 즐겨 해서 고등학교를 졸업하고는 몰래 취직 시험을 보고 도시로 갔지. 기무라는 어렸을 때부터 매일 힘든 농사일에 쫓기는 부모님을 보면서 그렇게 살기 싫다고 생각했었거든.

하지만 불과 1년 반도 채 되지 않아 형이 아픈 바람에 부모님의 부탁으로 고향으로 되돌아왔어. 그렇지만 본격적으로 농사일을 해 볼 생각은 전혀 없었다고 해. 그런데 다른 사과 농장의 딸과 결혼을 하면서 기무라는 본격적으로 사과 농사와 인연을 맺었어. 꿈에 그리던 미국산 트랙터를 구입하면서 점점 더 큰 꿈을 꾸게 되었지.

기무라가 사과 농장을 운영한다고 하자 오래전부터 사과를 재배하던 이웃들이 이런저런 충고를 해 주었어.

"사과나무는 예로부터 농약으로 기른다고 할 만큼 병충해가 많습니다. 농약 치는 일을 잊어서는 안 돼요."

기무라는 농업 협동조합에서 상을 받을 정도로 열심히 농약을 쳤어. 생산량은 많았지만 함께 사과 농사를 짓던 아내는 농약을 친 날이면 일주일씩 앓아눕기 일쑤였지.

"여보, 피부도 가렵고 두통 때문에 어지러워요. 다리에 힘이 빠져서 있기도 힘드네요."

"독한 농약 때문이야. 농약 없이 사과 농사를 지을 수 있다면 좋을 텐데. 무슨 방법이 없을까?"

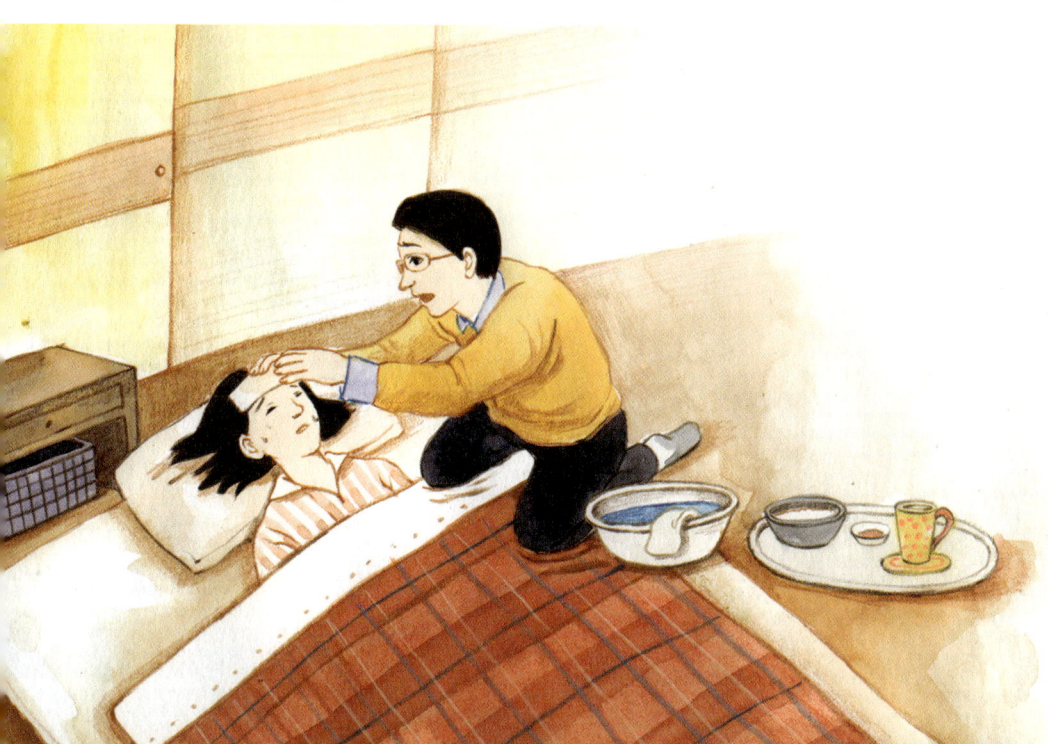

기무라는 농약이나 화학 비료 없이 사과 농사를 지을 방법은 없냐며 사람들에게 묻고 다녔어. 그 말에 사람들은 코웃음을 쳤지.

"농약이나 화학 비료 없이 어떻게 사과나무가 양분을 얻어 열매를 맺을 수 있겠나? 지금 우리가 먹는 사과는 더욱 달콤한 맛을 내도록 개량된 품종이라네. 그러니 달콤한 향을 맡은 벌레들은 더 달라붙고, 그 벌레를 없애기 위해서는 농약을 뿌려야만 하는 거야."

주위 사람들의 만류에도 불구하고 기무라는 도서관을 찾아가 책을 읽으며 새로운 농사법에 대해 알아봤어. 그 때 자연 농법과 관련된 후쿠오카 마사노부의 책을 읽게 되었지.

"그래! 이게 바로 내가 찾던 방법이야. 오로지 볏짚만 쓸 뿐 농약과 비료를 쓰지 않는다니. 이 방법 대로만 사과 농사를 짓는다면 농약에 민감한 사람들도 안심하고 먹을 수 있을 거야."

기무라는 우선 농약을 치는 횟수를 줄여 갔어. 다행히 병해충 피해도 별로 없었고 사과의 수확량이 줄지도 않았지. 결과가 생각보다 좋은 것에 용기를 얻어 무농약으로 사과를 재배하겠다는 마음을 굳히고 실천에 옮겼지만, 자연 농법은 사과 재배와는 맞지 않았어. 농약과 비료를 아예 주지 않고 사과 재배를 시작하자 시련이 끊이질 않았지.

농약을 치지 않자 잎은 7월 말부터 누렇게 변해 떨어지기 시작했어. 한창 푸르러야 할 8월에는 나무에 잎이 하나도 남지 않았고, 9월이 되자 제철도 아닌데 미친 듯이 꽃을 터뜨리기도 했지.

다른 과수원의 사과들은 풍성한 열매를 맺었지만, 기무라의 사과나무는 앙상한 가지만 남아 있었어. 그런데 거기서 끝이 아니었어. 사과나무의 병은 더 심해지고, 해충의 피해까지 발생하기 시작한 거야.

어떤 책에서도 사과나무를 살릴 해답을 찾을 수 없었기에 좋다는 방법을 무작정 시도해 보았어. 농약 대신 식초, 소주, 소금, 우유 등 다양한 것을 뿌려 보았지만, 어느 것을 써도 효과가 없었지. 게다가 그 무렵부터 주위의 과수원에서 병해충이 늘어났다며 그걸 모두 기무라의 탓이라고 비난하기 시작했어.

당시 딸들의 수업료를 못 낼 정도로 형편이 좋지 않았지만 그에게 힘이 되어 준 것은 가족들이었어.

"우리 아버지는 사과 농사를 지으신다. 하지만 나는 아버지가 기른 사과를 한 번도 먹어 본 적이 없다."

맏딸의 글짓기 숙제를 본 그는 무농약 재배를 그만둘 것을 심각하게 고민하다가 아내에게 털어놓았어. 그러자 이야기를 전해 들은 딸이 말했지.

"아버지가 그만둔다면 그동안의 노력이 모두 헛수고가 되잖아요. 아무것도 아닌 것에서 시작해 여기까지 왔으니 포기하지 마세요."

딸의 말을 들은 기무라는 포기하지 않기로 결심했어.

'좋아. 한 가지에 매달리다 보면 언젠가는 답을 찾을 수 있겠지.'

오기가 나서 돈을 빌려 다시 도전했지만, 사과 한 알도 얻지 못하고 결국 파산자가 되고 말았어.

이대로 물러설 수 없었던 그는 트럭 운전, 상자 줍기, 공사장 일 등을 닥치는 대로 하면서 여전히 새벽에는 사과 과수원에서 일했어.

기무라는 손으로 사과나무에 득실대는 벌레를 일일이 잡았어. 또한 잎사귀 하나하나 식초 물을 뿌려 주고, 식용 기름으로 나무껍질을 정성스럽게 닦아 주었지. 힘들게 병을 앓고 있는 사과나무 한 그루 한 그루에게 고개를 숙여 부탁하는 것도 잊지 않았어.

"힘들게 해서 미안합니다. 꽃을 안 피워도 열매를 맺지 않아도 좋으니, 제발 말라 죽지만 말아 주세요. 힘을 내 주세요."

하지만 농약을 치지 않은 사과나무들은 시들시들 축 늘어졌어. 게다가 뿌리까지 약해져서 살짝 밀기만 해도 툭 쓰러질 것만 같았지.

사과 농사를 짓지 않는 계절에는 멀리 도시에 나가 막노동하는 것도 마다하지 않았어. 이웃 사람들은 이런 기무라를 미친 사람으로 여기고 길을 가다 만나도 고개를 돌려 버렸지.

그런 실패의 세월을 지내는 동안 가족들의 고생은 이루 말할 수가 없었어. 당장 먹을거리가 없어 굶어야 하는 날이 생겼고 전화와 전기, 수도까지 다 끊겼지. 빚을 갚지 못해 사과나무에 빨간딱지가 붙자 기무라의 마음도 벌레 먹은 사과나무처럼 병들고 말았어.

'더 이상은 안 될 모양이다. 이제 그만 포기하자!'

죽을 결심을 한 기무라는 밧줄을 들고 산으로 올라갔어. 죽겠다고 마음먹고 터벅터벅 산길을 올라가는데 전에는 보이지 않던 숲의 모습이 보이기 시작했지. 그 순간 한 그루의 나무가 시선을 사로잡았어. 그는 마치 벼락이라도 맞은 것처럼 멍하니 서서 그 나무를 한참이나 바라보았지.

'저 나무는 농약도 치지 않고 아무도 보살펴 주지 않았을 텐데 어떻게 잘 자랄 수 있었을까?'

정신을 차리고 둘러보니 그 나무만 그렇게 잘 자란 건 아니었어. 숲에는 농약을 한 방울도 치지 않았는데 온갖 나무들이 서로 엉킨 채 우거져 있었지. 그는 미친 듯이 숲 속을 돌아다녔어.

'어쩌면 내가 찾아 헤매던 해답이 여기 있을지도 몰라.'

기무라는 가슴이 뛰었어. 자연 그대로의 흙이야말로 식물을 잘 자랄 수 있게 하는 거름일 거라는 생각이 들었거든.

그 후로 기무라는 숲 속을 제집처럼 드나들며 나무와 이끼, 풀과 흙을 주의 깊게 관찰하며 연구했어. 손으로 수없이 흙을 만지고 냄새를 맡았으며 심지어는 먹어 보기까지 했지.

'숲 속의 흙은 사과 과수원의 흙과 달리 촉촉하고 따뜻해. 바로 이런 흙이라야 되는 거야.'

기무라는 날마다 숲 속의 흙을 퍼다 과수원에 뿌려 주고는 잡풀이 무성히 자라도록 내버려 두었지. 그의 사과 과수원을 기웃거리던 이웃 사람들은 어리석은 행동이라며 비웃었어.

"기무라, 이제 사과 농사는 포기했소? 예전에는 그나마 뭐라도 하는 것 같더니 이제는 그냥 풀밭으로 만들 작정인 거요?"

"기무라의 과수원은 방치원이야. 그냥 방치해 두었으니 방치원이라고!"

그런 소리를 듣고도 기무라는 아무렇지 않은 듯 빙그레 웃으며 설명했어.

"과수원을 내버려 둔 것이 아니라 흙이 자연 그대로의 생명력을 회복할 때까지 기다리고 있습니다. 흙을 한번 살펴보십시오."

"제때 농약을 잘 치고 흙에 비료를 듬뿍 주면 사과가 풍성하게 열리는데 뭔 헛소리요?"

"비료나 농약을 수십 년간 뿌렸던 흙은 딱딱하고 메말라서 잡풀조차 뿌리를 내리지 못하죠. 하지만 잡풀이 무성하다는 것은 그 흙이 그만큼 기름지다는 증거예요."

"내가 장담하건대 농약 없이 사과나무는 절대 열매를 맺을 수 없소. 당신은 실패할 거요."

"그렇지 않습니다. 머지않아 이 사과나무는 반드시 좋은 열매를 맺을 겁니다."

과연 기무라의 말은 헛말이 아니었어. 자연 재배 농사법으로 바꾼 지 10년이 되던 해, 죽은 줄 알았던 나무에 사과꽃이 흐드러지게 피더니 가을이 되자 2개의 사과가 맺혔거든.

"여보, 이 사과 한번 먹어 봐. 이 사과라면 당신 몸에 해롭지 않을 거야."

아내는 감격에 겨워 눈물을 흘리며 사과를 건네받고는 조심스럽게 한입 깨물어 먹었어.

"제가 지금까지 먹어 본 어떤 사과보다도 맛있어요. 정말이에요."

처음에는 탁구공만 한 사과라 실망도 컸지만, 이제부터 시작이라고 생각한 기무라는 자신의 농사법에 확신을 가졌어. 서로 어우러지면서 스스로를 치유하는 자연의 위대한 힘을 깨달았거든.

하지만 사과나무가 열매를 맺기 시작했다고 집안 형편이 바로 나아지지는 않았어. 볼품없는 사과라 상인들이 사려고 하질 않았거든. 기무라는 하는 수 없이 직접 재배한 사과를 트럭에 싣고 무작정 도시를 떠돌아다니며 팔기 시작했지.

"무농약 사과 사세요. 씻지 않고 바로 먹어도 안전한 무농약 사과입니다."

하지만 아무도 거들떠보지 않아 사과 한 알도 팔지 못하는 날이 더 많자, 지나가는 사람들이나 들르는 가게마다 사과를 한번 맛보라며 나누어 주기 시작했어.

"그냥 맛이라도 보세요. 맛있으면 그만큼 돈을 주시면 됩니다. 여기 제 연락처도 있습니다. 맛보시고 연락 주시면 배달도 해 드리겠습니다."

관심을 보이지 않던 사람들도 사과를 한번 먹어 본 후에는 연락을 해 오기 시작했어. 그렇게 농약뿐만 아니라 화학 비료 조차도 사용하지 않고 키운 사과는 점점 사람들에게 알려지기 시작했지.

1991년 아오모리 현에 불어온 대형 태풍은 '기적의 사과'를 더욱 유명하게 만들었어. 태풍으로 주변 과수원의 사과들은 모두 땅에 떨어졌지만, 기무라의 사과나무는 태풍 속에서도 탐스러운 사과를 주렁주렁 매달고 꿋꿋이 서 있었어. 땅속 깊이 내린 뿌리와 굵고 단단한 가지 덕분이었지. 기무라의 사과는 강력한 대형 태풍에도 떨어지지 않는 사과로 소문이 나면서 '합격 사과'라고 불렸어. 이 사과는 시험을 앞둔 사람들에게 불티나게 팔리기 시작했고, 언론 기관에도 연일 보도될 정도였지.

그 후로 기무라는 자연 재배를 하면서 자신의 실패로 얻은 경험과 지식을 다른 사람들에게 아낌없이 나누어 주기 시작했어. 그는 수많은 벌레들이 숨 쉬고 개구리가 알을 낳으며, 새들이 지저귀는 자연 그대로의 풀밭이 사과나무를 튼튼히 할 수 있었다며 강연하고 다녔지.

 "자연 재배한 사과나무에는 진딧물을 잡아먹는 벌레가 생기기 때문에 진딧물이 없습니다. 하지만 농약을 뿌린 사과에는 진딧물을 잡아먹는 벌레가 살지 못하기 때문에 진딧물을 없애기 위해 농약을 뿌려야 하죠. 사실 해충도 자연의 일부랍니다. 모든 해답은 결국 자연의 질서에 있죠."
 '기적의 사과'를 맛본 사람들은 자연 속 생명 그대로의 맛, 잃어버린 에덴동산의 신비롭고 놀라운 맛이라고 말을 해. 하지만 이 사과 한 알이 기무라에게 준 것은 단순히 맛이 아니라 학교에서도 배우지 못한 가치였기에 그는 기적의 사과를 통해 얻은 경험과 지식을 수많은 사람들에게 전해 주고 있는 거야.

"처음 무농약 재배법은 제 아내를 위해 시작한 것이었습니다. 그런데 그게 어느 사이 가족을 위한 것이 되었고, 마을을 위한 것이 되었으며, 나중에는 온 인류를 위한 것이 되었죠. 사실 인간이 제아무리 애써 본들 제힘으로는 사과꽃 하나 피우지 못하잖아요? 이건 제가 한 게 아닙니다. 사과나무가 제힘으로 꽃을 피우고 열매를 맺은 거죠. 저도 처음에는 내가 사과를 열리게 한다고 굳게 믿었습니다. 하지만 실패를 거듭하면서 내가 할 수 있는 일이라곤 사과나무가 자라기 좋은 환경을 만들어 주는 것뿐임을 깨달았습니다. 인간은 자연을 파괴하는 산업 문명을 자랑할 것이 아니라 자연에 대한 존경심을 가지고 살아가야 해요."

기무라는 주변 사람들의 비웃음을 사고 뼈아픈 실패를 반복하면서 모든 해답이 결국 자연의 질서에 있다는 것을 깨달았어. 그는 흙, 사과나무와 벌레 등 모든 자연을 사랑하고 '기적의 사과'를 만들어 낸 거야. '기적의 사과'는 대자연의 생명력을 굳게 믿고 무농약 사과를 재배한 고집쟁이 농부 기무라의 열정과 도전 정신으로 태어난 야생의 사과지. 오늘날에도 그는 일본에서 아프리카에 이르기까지 연 100회 이상의 강연을 통해 자신의 재배법과 환경의 중요성에 대해 알리는 일을 끊임없이 하고 있어. 사과 하나로 세계를 움직이는 큰 농부가 된 거야.

사과 자연 재배의 선구자, 기무라 아키노리

1. 자연 재배가 뭘까?

자연 재배는 자연 농법이라고도 해. 일본의 후쿠오카 마사노부에 의해 처음 시작된 농사 방법으로, 자연의 힘만으로 작물을 기르는 거야. 자연 재배에는 다음과 같은 원칙이 있어.

- 흙을 갈거나 잡초를 제거하지 않고 땅에다 직접 씨를 뿌려.
- 농약과 화학 비료를 사용하지 않아.

기무라 아키노리

농약과 화학 비료를 사용하는 오늘날의 농사 방법은 병충해를 없애고 수확량을 늘렸지만, 반대로 땅의 힘을 떨어뜨리고 환경을 오염시키는 등의 결과를 가져왔어. 사람들은 이런 모습을 지켜보면서 모든 생물체가 서로 밀접하게 관계를 맺으면서 스스로의 힘으로 열매를 맺는다는 자연 재배 농업 철학에 마음을 빼앗긴 거야.

2. 자연 재배는 뭐가 좋을까?

현대적인 농사 방법을 사용하는 나라들 대부분이 농약과 화학 비료의 폐해로부터 안전하지 못해. 생산량을 늘리기 위해 쓴 농약과 화학 비료는 식물 속에 남아 이것을 먹는 사람들의 몸속에도 차츰 쌓이게 되었지. 최근 어린아이들이 알 수 없는 이유로 갑자기 죽는 것도 부모님의 몸속에 쌓인 농약과 화학 비료, 또는 오염된 물이나 흙에 남아 있던 농약, 화학 비료와 관련되어 있다는 연구 결과가 잇달아 발표되고 있어.

게다가 자연 재배를 한 농작물은 잘 썩지 않는다는 흥미로운 실험 결과도 있어. 기무라 아키노리가 보통 사과와 자연 재배를 한 사과를 내버려 둔 결과, 농약과 화학 비료로 재배한 보통 사과는 썩어서 지독한 악취가 난 반면 자연 재배한 사과는 아무런 변화가 나타나지 않았다고 해.

사과 부패 실험

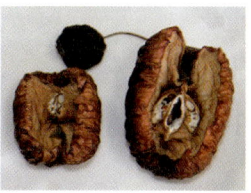

2년이 지난 자연 재배 사과

3. 우리나라에도 '기적의 사과'가 있어.

전라남도 장성군에서 사과를 재배하는 농부 전춘섭은 2009년 농약과 퇴비를 전혀 쓰지 않는 자연 농법으로 가꾼 사과나무 720그루에서 4천 100여개의 사과를 수확했어.

2005년 기무라의 농장을 처음 방문한 후 자연 농법에 관심을 가진 그는 땅의 힘을 높이기 위해 콩과 호밀 등을 잡초와 함께 심었고, 병충해를 예방하기 위해 현미 식초를 물에 섞어 뿌렸지. 그렇게 자연 농법에 심혈을 기울이자 사과나무 뿌리와 함께 자란 벌레는 사과를 갉아먹는 병해충을 잡아먹고, 적당한 수분을 품은 흙은 나무를 건강하게 만든 거야. 매일 자연 농법을 실천한 지 3년 만에 일반 사과와 달리 껍질에 윤기가 없고 무늬도 불규칙하지만, 열매살은 단단하고 당도가 매우 높은 '기적의 사과'를 재배해 냈어.

🌸 사과나무는 어느 시대부터 우리나라에서 자랐을까?

사과는 고려 속요인 〈처용가〉에 '머자'라는 단어로 처음 등장해. 고려 의종 때 쓰여진 《계림유사》에는 '임금'이라고 써 있지. '임금(林 수풀 임, 檎 능금나무 금)'은 과일이 익을 때 숲에서 새가 날아와 쪼아 먹었다는 데서 나온 말이야. 그 후에 나라의 임자라는 뜻의 '임금'과 발음이 같아서 '능금'으로 바꾸어 부르게 되었어.

🌸 사과를 재배하기에 좋은 지역은 어디일까?

사과가 맛있게 잘 자라려면 낮과 밤의 기온 차이가 커야 해. 또한 사과꽃이 필 때는 비가 안 오고, 열매가 자라고 익을 때는 햇빛이 풍부해야 하지. 우리나라는 사과꽃이 피는 봄에는 비가 적게 내리고, 사과가 자라는 여름에는 온도가 높고 햇빛도 풍부해. 사과가 익는 가을에는 맑고 화창한 날씨가 계속되기 때문에 사과를 재배하기에 아주 좋은 기후야. 특히 주변이 태백산맥과 소백산맥으로 둘러싸여 비가 적게 내리고 낮과 밤의 기온 차이가 큰 경상북도 지방이 우리나라 최대의 사과 생산지야.

우리나라의 도별 사과 생산량
(2014년도 기준)

세상에서 가장 특별한 사과 이야기

7

탈무드 속 솔로몬 왕과
마법의 사과

세상에는 마법보다 더 마법 같은 일이 있어.
마법의 망원경보다 성능이 좋은 허블 우주 망원경으로
우주를 샅샅이 들여다볼 수 있고,
마법의 양탄자보다 크고 빠른 우주선은
우주를 향해 쌩 날아가지.
그렇다면 마법의 사과처럼 어떤 병이든
바로 싹 낫게 하는 약은 있을까? 없을까?

현명한 판단을 내려 이스라엘 왕국을 평화롭게 다스렸던 왕에게는 딸이 하나 있었어. 왕은 딸을 사랑하고 소중히 여겼지. 그런데 어느 날 딸이 원인을 알 수 없는 병에 걸렸지 뭐야. 항상 웃음이 떠나질 않았던 장밋빛 뺨이 핏기를 잃고 갑자기 픽 쓰러지자 성 안은 난리가 났어.

"여봐라! 공주의 병을 정녕 고칠 수가 없는 것이냐?"

나라 안팎에서 병을 잘 고치기로 소문난 의사들에게 공주를 보였지만, 고치기는커녕 병에 걸린 이유도 알아내지 못했지.

"황공하오나 공주님의 병은 어떤 약을 써도 듣지를 않습니다."

"뭐라? 공주를 낫게 할 방법이 전혀 없단 말이냐? 허, 이 일을 어찌하면 좋겠느냐!"

왕은 공주를 걱정하는 마음에 발만 동동 굴리다가 생각 끝에 왕국의 모든 사람들이 볼 수 있도록 벽보를 붙이도록 했어.

"그게 정말이야? 공주의 병을 고치면 사위로 삼는다고?"

"그 뿐인가, 이 나라도 물려준다잖아."

백성들은 너도나도 공주의 병을 고치고 싶어 했어. 수많은 사람들이 몸에 좋다는 온갖 약초와 신비한 비방을 가지고 왕궁을 찾아왔지만, 그 어떤 것으로도 공주의 병을 고칠 수 없었지. 공주의 병은 갈수록 깊어만 갔고, 왕은 시름에 잠겼어.

그즈음, 왕이 살고 있는 곳과 멀리 떨어진 한적한 시골 마을에 삼 형제가 살고 있었어. 삼 형제에게는 부모님께 물려받은 아주 특별한 보물이 한 가지씩 있었지.

첫째에게는 아무리 먼 곳이라도 한눈에 볼 수 있는 마법의 망원경이 있었어. 그는 멀리 떨어진 나라 밖의 모습도 앉은 자리에서 쉽게 살펴볼 수 있었고, 한 번도 가 본 적 없는 나라에 사는 신기한 동물도 바로 앞에 있는 것처럼 볼 수 있었지.

둘째에게는 어디라도 빠르게 날아갈 수 있는 마법의 양탄자가 있었어. 한적한 마을에 사는 것이 지루할 때면 마법의 양탄자를 타고 동에 번쩍 서에 번쩍 여기저기 날쌔게 돌아보다가 집이 그리워지면 돌아오곤 했지.

셋째에게는 보통 사과와 다를 바 없지만 어떤 병이라도 싹 고칠 수 있는 마법의 사과가 있었어. 마법의 사과는 시간이 아무리 지나도 썩지 않았어. 셋째는 사과가 신기했지만 형들과 달리 이를 사용해 본 적이 없어서 부모님께 들은 마법 사과의 효능을 항상 궁금해했어.

그러던 어느 날, 오랜만에 망원경을 꺼내 들고 여기저기를 살펴보던 첫째가 소리쳤어.

"저런! 왕의 하나밖에 없는 공주님이 큰 병에 걸리셨는데, 아무도 병을 고치지 못하고 있나 봐."

"그게 정말이에요?"

"그래. 공주의 병을 고치는 자를 사위로 삼고 나라를 물려주겠다는 벽보가 보여."

"형님, 제가 가진 마법 사과의 효능을 알아볼 수 있는 기회예요. 얼른 가서 공주님을 고쳐 드려요."

삼 형제는 서둘러 둘째의 양탄자에 올라탔어. 마법의 양탄자는 구름 위를 훨훨 날아 금세 왕궁에 도착했지. 하늘 위에서 갑자기 나타난 삼 형제를 보고 왕과 성 안 사람들은 깜짝 놀랐어.

"너, 너희들은 누구냐?"

"너무 놀라지 마십시오. 저희는 공주님의 병을 고치러 온 삼 형제입니다."

"오, 무슨 특별한 방법이라도 있는 것이냐?"

셋째가 왕의 앞으로 나아가 품속에서 마법의 사과를 꺼내 들었어.

"이 사과를 보십시오. 별다를 것이 없어 보이지만, 이 사과는 어떤 병이든 고칠 수 있는 마법의 사과입니다. 공주님께서 이 사과를 드시면 병이 싹 나을 것입니다."

왕은 사과를 요리조리 살펴보다가 고개를 갸웃거렸지.

"마법의 사과라 했느냐? 갓 따 온 사과처럼 싱싱해 보이기는 하다만 이것으로 아무도 고치지 못한 공주의 병을 낫게 할 수 있다고?"

"그 사과는 부모님이 저에게 유산으로 물려주신 것으로 아주 오래된 것입니다. 그런데도 이렇게 싱싱하다면 믿으시겠습니까?"

셋째가 차근차근 설명하자 평범해 보였던 마법의 사과가 번쩍번쩍 빛을 내고 진한 향기를 내뿜으며 제 가치를 드러내는 것 같았어.

"그렇다면 어서 서둘러라. 우리 공주의 병을 빨리 고쳐 다오!"

왕은 삼 형제를 데리고 공주의 방으로 걸음을 바삐 옮겼어. 셋째는 침대 가장자리로 다가가 공주님 앞에 마법의 사과를 쓱 내밀었지.

향기로운 사과 향이 코끝에 감돌자 공주가 감았던 눈을 스르르 떴지만, 오래도록 병을 앓아서일까? 공주는 사과를 베어먹을 힘도 없을 만큼 몸이 쇠약해져 입술만 움찔댔어. 그 모습을 지켜보던 왕은 한숨만 푹 내쉬었고, 보다 못한 셋째는 사과를 빠르게 으깬 뒤 즙을 내어 공주의 입술에 대어 줬어.

"공주님, 잠깐만 정신을 차리셔서 이것을 드셔 보십시오. 이 마법의 사과를 조금만 드시면 금방 일어나실 수 있을 겁니다."

그러고는 한 숟가락, 두 숟가락, 천천히 공주에게 사과즙을 떠먹였지. 세 숟가락을 먹자 공주의 얼굴에 혈색이 돌아왔어. 네 숟가락을 먹은 공주는 자리에서 일어나 앉았고, 다섯 숟가락을 먹자 공주의 얼굴에 웃음기가 번졌어. 남은 사과즙을 다 먹자 공주는 발딱 일어나 걷기 시작했어. 공주의 병이 씻은 듯이 나은 거야!

"아바마마. 너무 배가 고파서 뭐든 먹고 싶어요."

그동안 아무것도 먹지 못했던 공주는 음식부터 찾았어.

"오, 이럴 수가! 정녕 네 병이 다 나은 것이냐?"

공주의 모습을 이리저리 살펴보던 왕은 기뻐서 소리쳤지.

"여봐라. 무엇 하느냐? 어서 공주에게 먹을 것을 갖다 주어라!"

왕은 서둘러 신하들에게 명령을 내리고는 삼 형제에게 고마움을 표시했어.

"정말 고맙구나. 너희 덕에 공주가 살아났어. 이제 약속한 상을 내리도록 하마."

하지만 왕은 곧 고민에 빠지고 말았어. 삼 형제가 서로 자기의 공을 내세우며 공주와 결혼하겠다고 나섰거든. 첫째가 제일 먼저 앞으로 쑥 나서며 말했어.

"공주님과 결혼해야 할 사람은 바로 저입니다. 만약 마법의 망원경이 없었다면 멀리 떨어진 곳에 살고 있던 저희는 공주님이 아프다는 사실조차 알지 못했을 것입니다. 공주님의 병을 고칠 길은 처음부터 없었을 테지요."

첫째의 말을 들은 왕이 그 말이 맞다는 듯 천천히 고개를 끄덕이자, 조급해진 둘째가 서둘러 말했어.

"그렇지 않습니다. 공주님과 결혼해야 할 사람은 바로 저입니다. 만약 마법의 양탄자가 없었다면 한시가 급했던 공주님께 빨리 오지 못했을 것입니다."

왕이 또다시 고개를 끄덕이자, 형들의 이야기를 조용히 듣고 있던 셋째도 자신의 생각을 말했어.

"마법의 망원경과 양탄자가 중요한 역할을 한 것은 맞습니다. 하지만 만약 마법의 사과가 없었다면 어찌 되었을까요? 공주님이 병이 난 것을 알고, 또 빨리 도착했어도 결국 병을 고치지 못했을 것입니다."

왕은 세 형제의 말을 모두 듣고 잠시 동안 가만히 생각에 잠겼어. 그러고는 곧 지혜로운 결정을 내렸지.

"내 사위는 셋째가 될 것이다."

왕의 결정을 들은 두 형은 그 이유를 물었어.

"마법의 망원경과 양탄자는 그대로 남아 있지만, 마법의 사과는 공주가 다 먹어 버려 아무것도 남아 있지 않기 때문이다."

물론 왕은 첫째와 둘째에게도 섭섭하지 않게 상을 내렸어. 그리고 얼마 후, 셋째는 공주와 결혼식을 올렸고 오래오래 행복하게 잘 살았지. 물론 약속대로 나라도 물려받고 말이야.

나중에 이 이야기를 전해 들은 백성들은 왕의 지혜에 매우 감탄하여 주변 여러 나라에 왕의 이야기를 전하였어. 또 왕국을 방문한 사람들이 자기 나라에 돌아가 이야기를 전하면서 왕에 대한 소문은 빠르게 퍼져 나갔지.

이 지혜로운 결정을 내린 왕이 바로 솔로몬 왕이야. 그 후 이스라엘 왕국의 솔로몬 왕은 '지혜로운 왕'의 대명사가 되었고, 뛰어난 지혜를 '솔로몬의 지혜'라고 비유적으로 말하기도 해.

솔로몬 왕이 삼 형제와 관련해서 내린 결론에는 '남을 위해 뭔가를 해 줄 때에는 자기의 모든 것을 아낌없이 주는 것이 가장 귀하다.'는 교훈이 담겨 있어. 유대인들은 이와 같은 내용이 담긴 탈무드를 읽으며 항상 내 모든 것을 걸고 노력을 해야 성과를 낼 수 있다는 것을 배우고 있지.

탈무드와 솔로몬 왕

1. 《탈무드》는 어떤 책일까?

《탈무드》는 히브리어로 '가르침의 교훈'이라는 뜻으로, 유대인들의 슬기와 지혜가 담긴 책이야. 오랜 세월 동안 유대교 학자들이 삶의 문제에 대해 연구하고 토론한 결과물, 법률, 전통, 사회적인 질서와 풍습, 전해져 내려오는 이야기 등을 모으고 해석해 놓았어. 《탈무드》는 유대인들의 삶에 정신적 힘을 제공하였고, 바다처럼 깊고 드넓은 지혜가 담겨 있어서 '지혜의 바다'라고도 불리고 있어. 또한, 전 세계에 흩어져 살고 있는 유대인들이 오늘날까지도 민족성을 유지하며 힘을 모으는 데 큰 역할을 하고 있지.

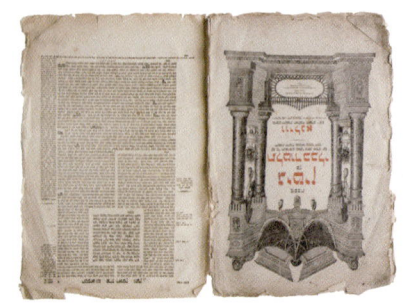

탈무드

2. 위대한 교육의 힘

유대인 부모들은 아이들이 세 살이 되면 《탈무드》를 읽어 주고 생활 속에서 익힐 수 있도록 모범을 보였어. 그래서일까? 노벨상 수상자의 약 30%가 유대인이라는 말이 있을 정도로 세계적인 학자와 예술가, 기업가 중에는 유대인이 많아. 그중 '19세기의 모차르트'라는 칭찬을 받을 만큼 음악적 재능이 뛰어났던 멘델스존, 심리학자이자 정신과 의사로 유명한 프로이트, 발명가이자 기업가인 에디슨, IT 기업의 대명사인 마이크로소프트의 창업자 빌 게이츠 등이 잘 알려져 있어.

3. 많은 양의 《탈무드》를 정리한 사람은 누구일까?

불교의 가르침을 주는 스님, 기독교의 가르침을 주는 목사님이나 신부님처럼 유대교의 율법을 가르치는 사람을 '랍비'라고 해. 히브리어로 '나의 선생님'이라는 뜻이지. 이들은 약 12,000쪽 분량의 《탈무드》를 20여 권의 책으로 정리하였고, 《탈무드》에는 훌륭한 랍비의 이야기도 많이 나와.

4. 솔로몬 왕의 또 다른 판결

두 여인이 한 아이를 데리고 솔로몬 왕을 찾아와 서로 자신이 진짜 어머니라고 주장했어. 쉽게 판결이 나지 않자, 솔로몬 왕은 "아이를 둘로 나눠 반반씩 주도록 하라."고 명령했지.

왕의 판결에 아기가 두 조각으로 나뉘는 걸 볼 수 없었던 한 여인이 애처로운 눈길로 아이를 포기하자, 솔로몬 왕은 그 여인에게 아이를 건네주었어. 지혜로운 솔로몬 왕은 아이가 죽는 걸 바라지 않는, 어머니로서 가지는 본능을 기초로 현명한 판단을 내린 거야.

진짜 어머니를 찾아 주는 솔로몬 왕

🌸 망원경을 왜 마법의 물건이라고 생각했을까?

망원경은 먼 곳에 있는 물체를 크고 정확하게 보도록 만든 기기야. 옛날 사람들에게 먼 곳에 있는 것을 바로 눈앞에 있는 것처럼 보여 주는 망원경은 마법의 물건처럼 느껴졌지.

망원경은 17세기 초에 서유럽에서 발명되어 주로 하늘을 관측할 때 사용되었어. 훗날 유럽의 기독교 선교사에 의해 망원경이 중국에 전해졌고, 우리나라에는 1631년 사신으로 북경에 간 정두원이 얻어 왔다는 기록이 있어. 그 당시에는 천 리 밖을 볼 수 있다고 하여 천리경 또는 원시경이라고 불렸어.

천리경이라 불린 망원경

🌸 공주가 사과를 먹고 살아난 이유가 있다고?

사과는 열량은 적지만, 몸에 좋은 성분은 많이 들어 있는 과일이야. 특히 식이 섬유와 비타민이 풍부하지. 식이 섬유는 혈관에 쌓이는 해로운 물질을 몸 밖으로 내보내고, 비타민은 우리 몸의 기능을 조절하고 다른 영양소들이 하는 일을 도와줘.

공주가 병이 난 까닭은 아마 성 안에서만 지내면서 많이 움직이지 않고 단백질, 지방, 탄수화물 위주로 편식을 했기 때문일 거야. 음식을 골고루 먹고 적당한 운동을 하면서 마법의 사과가 아니라도 몸에 좋은 사과를 꾸준히 먹는다면 건강에 도움이 되겠지?

세상에서 가장 특별한 사과 이야기

8

애플사의 상징이 된
한 입 베어 문 사과

애플사의 '한 입 베어 문 사과' 로고를
본 사람들은 깜짝 놀라며 감탄했어.
과연 애플사답구나!
쉽고 재미있네. 게다가 세련된 디자인이야!
애플사의 로고는 단순히 디자인만 좋은 게 아니라
깊은 뜻이 담겨 있다고 하는데, 그것은 무엇일까?

"나는 오늘 이 자리에 혁신적인 신제품을 들고나왔습니다. 큰 화면의 아이팟으로, 터치스크린 작동이 가능하며 휴대폰 기능은 물론이고 다양한 접속 기기로 편리하게 사용할 수 있습니다. 여러분께 애플사의 아이폰을 소개하겠습니다."

에디슨 이후 인류의 삶에 가장 큰 변화를 준 천재라고도 일컬어지는 스티브 잡스. '혁신의 사과 열매'라고 불리는 애플사를 살펴볼 때 그를 빼놓을 수 없어. 스티브가 어린 시절을 보냈던 캘리포니아 마운틴뷰로 이사 온 첫날, 아버지인 폴 잡스가 말했지.

"이 동네 사람들 대부분이 실리콘밸리에서 일하는 기술자들이란다. 이웃에 사는 사람도 휼렛 패커드에서 근무한다더라."

"휼렛 패커드요? 거긴 컴퓨터를 만드는 회사잖아요?"

스티브는 자신이 10살 때 본 휼렛 패커드의 컴퓨터를 떠올렸어. 처음 본 컴퓨터에 마음을 빼앗겼던 스티브는 그런 것들을 만드는 사람들이 모여 사는 동네에 온 것이 참 좋았어. 나이 차가 많이 나는 이웃들과도 어울리며 자신이 궁금해했던 것에 대한 호기심을 채워 나갈 수 있었거든.

게다가 폴 잡스는 라디오나 텔레비전을 망가뜨리고 위험한 장난을 곧잘 즐겼던 스티브를 이해해 주었어.

"모두 말썽쟁이라고 손가락질하지만, 스티브는 호기심을 풀 대상이 없어서 그런 걸 거야. 스티브를 위해 창고를 마음대로 이용할 수 있게 하고 공구 상자를 마련해 줘야겠어."

　스티브는 신이 났어. 세상 어디에도 아버지의 창고만큼 멋진 곳은 없었거든. 창고 안에는 온갖 도구, 기계와 잡동사니가 쌓여 있었는데, 스티브는 그중에서도 특히 전자 제품에 큰 관심을 보였지. 하루 종일 그것들을 분해했다 조립했다 하고 있다 보면 시간 가는 줄도 모를 정도였어.

　반면에 스티브의 학교생활은 엉망이었어. 그의 창의성을 존중해 준 부모님과 비교되는 답답한 학교를 견디질 못했거든. 게다가 머리가 좋은 스티브에게 학교 공부는 따분한 것이었어.

그나마 스티브의 비상한 능력을 알아본 이모진 힐 선생님 덕분에 남들보다 빠르게 상급 학년으로 올라가면서 학교생활을 이어갔지만, 얼마 지나지 않아 학교를 그만두겠다고 고집을 피웠지.

스티브의 부모님은 그의 의견을 받아들여 당시 실리콘밸리에서 가장 학구열이 높았던 로스앨터스로 이사했어. 이사한 집에는 차고가 딸려 있었는데, 훗날 바로 그곳에서 세계 최초의 개인용 컴퓨터인 '애플 I'이 탄생했어.

고등학생이 된 스티브는 히피 문화에 빠져 살았어. 어렸을 때부터 자신이 입양된 사실은 알고 있었지만, 자신의 정체성에 대한 고민과 더불어 당시 샌프란시스코 지역의 사회 분위기가 그를 방황하게 만들었지. 자신이 관심 있어 하던 컴퓨터 외에는 아무것도 하고 싶지 않아 했어. 그나마 전자 공학 클럽에 가입해 활동하면서 전자 기기에 대한 관심을 이어갔는데, 무엇보다도 그의 관심을 끌었던 것은 휼렛 패커드에서 개발하고 있던 소형 컴퓨터였어.

그러던 어느 날, 스티브는 동네에서 컴퓨터광으로 소문난 스티브 워즈니악을 알게 되었어. 스티브는 워즈니악의 작업실에서 그가 만든 컴퓨터를 보고 깜짝 놀랐지.

"이게 뭐야? 이거 형이 직접 만든 컴퓨터야? 회로 설계도 형이 다 한 거고?"

"물론이지. 썩 만족스럽진 않지만 계속 공부하고 연구하면 머지않아 좀 더 정교한 컴퓨터를 만들 수 있을 거야."

5살이 많은 워즈니악과 스티브는 공통점이 많았어. 좋아하는 분야에 대한 집중력과 열정이 대단했던 두 사람은 집과 작업실에서 전자 기기에 대한 이야기꽃을 피우며 우정을 쌓아 갔지.

스티브는 리드 대학에 입학한 후 동양 철학을 공부하기도 하고, 아타리라는 전자 게임 회사에 취업하기도 했지만, 오래 다니지 못하고 도망치듯이 인도로 여행을 떠났어. 히피 차림으로 인도를 떠돌았지만 정신적 만족감은 얻지 못한 채 결국 집으로 돌아왔지.

그 후로, 스티브는 자신의 모든 것을 쏟아부을 수 있는 일을 찾아다니면서 종종 친구들에게 이렇게 말하곤 했어.

"나는 사랑하는 사람을 찾듯 사랑하는 일을 찾을 거야."

그런 스티브에게 어느 날 소형 컴퓨터에 대한 기사가 눈에 띄었어. 스티브는 그걸 보자마자 당장 워즈니악에게 달려갔지.

"형, 이거 봤어? 소형 컴퓨터를 만들 수 있는 조립 부품이 나왔대!"

"아! 알테어 키트?"

"알고 있었구나. 그런데 형은 이게 무슨 의미인지 생각해 봤어? 지금은 기업이나 공공 기관에서 엄청 크고 비싼 컴퓨터를 전문가들만 사용하지만, 곧 모든 사람들이 집에서 개인용 컴퓨터를 사용하는 세상이 올 거란 얘기야."

"정말 그럴까?"

"내 감각을 믿어. 형도 언젠가는 내 생각이 틀리지 않다는 걸 알게 될 거야."

전자 공학 분야에서 스티브보다 전문적인 기술을 가지고 있었던 워즈니악이 스티브의 이야기에 긍정하며 고개를 끄덕였어. 앞날을 내다보는 통찰력으로는 스티브를 따를 사람이 없었거든.

얼마 후, 워즈니악이 새로운 컴퓨터 회로 기판을 만들어 내자 스티브는 뛸 듯이 기뻐하며 깜짝 놀랄 제안을 했어.

"형, 우리 사업을 해 보자! 형이 컴퓨터를 만들면 나는 판매를 하는 거야. 팔아서 생긴 이익은 절반씩 나누고 사무실 겸 작업실은 우리 집 차고를 쓰면 돼. 우린 동업자가 되는 거라고. 어때?"

"좋아! 스티브. 늘 그렇지만 네 말을 듣고 있으면 세상에 안 될 일이 없을 것 같구나."

워즈니악은 스티브의 추진력에 혀를 내두르며 감탄했어.

"우리 회사 이름은 뭐라고 할까? 혹시 떠오르는 거 없어?"

"글쎄, 그런 쪽으로는 나보다 네가 더 뛰어나잖아."

"그렇다면 회사 이름을 애플이라고 하면 어떨까? 난 사과만큼 영양이 풍부하고 잘 썩지 않으며 포장하기도 쉬운 완벽한 과일은 없다고 생각해. 우리 회사도 이렇게 완벽하면 좋겠어."

그 시절 스티브는 마을을 빙 둘러싼 사과 과수원에서 일하고 있었고, 사과만 먹고 살라고 해도 불만이 없을 만큼 사과를 좋아했지.

"애플? 단순하면서도 기억하기 쉽고, 전자 제품 냄새가 안 나서 좋다. 거기다 여긴 사과 과수원이 많으니까 딱 알맞은 이름 같아!"

스티브는 사과나무 밑에서 책 읽는 모습을 본떠 로고도 만들었어.

애플사를 만든 두 사람이 처음 한 일은 워즈니악이 개발한 조립식 키트를 스티브가 판매한 일이었어. 지역의 조그만 컴퓨터 상점에 조립식 키트를 판매하면서 꽤 괜찮은 수익을 올렸고, 그렇게 번 돈으로 최초의 개인용 컴퓨터인 '애플 I'을 만들었지.

애플 I

그리고 얼마 뒤, 두 사람은 새로 개발한 컴퓨터 '애플 II'의 시제품을 들고 1976년 애틀랜틱시티에서 열린 '제1회 개인용 컴퓨터 축제'에 참가했어. 하지만 워즈니악의 뛰어난 실력으로 만든 '애플 II'는 초라해 보였어. 성능은 뛰어났지만, 축제에 참가한 다른 컴퓨터에 비해 디자인이 형편없었거든. 매우 빠르게 변화하고 있던 개인용 컴퓨터 시장에는 이미 금속 케이스와 키보드, 모니터까지 완전히 갖춘 완제품들이 사람들의 눈길을 끌고 있었지.

분명한 차이를 보였지만, 스티브는 실망하지 않았어. 그는 빠르게 변하는 소비자의 기호를 읽고 그들이 원하는 제품을 제공할 수 있다는 자신감이 있었어. 애플사와 같은 작은 회사도 좋은 제품을 합리적인 가격에 제공할 수 있다면 큰 성공을 거둘 수 있다는 가능성을 발견했다는 것에 만족했지.

"사람들은 곧 텔레비전처럼 전원만 켜면 사용이 가능한 컴퓨터를 원할 거야. 누구나 사용하기 쉬운 작고 단순한 것을!"

 그 후 두 사람은 컴퓨터 축제에서 깨달았던 부족한 점을 보완하여 세상을 뒤흔들 완벽한 제품을 만들기 위해 뛰어난 전문가들을 모으기 시작했어. 스티브는 꼭 필요한 인재라면 집요하게 매달려 설득했고, 아이디어가 떠오르면 그것을 실행하기까지 끈질기게 물고 늘어지는 근성을 발휘했지.
 마침내 스티브와 워즈니악은 '애플Ⅱ'라는 이름으로 진정한 의미의 개인용 컴퓨터를 만들었어. 스위치식 전원 공급 장치에 소프트웨어까지 모두 갖추어 완벽해 보였지.

All About Apple!

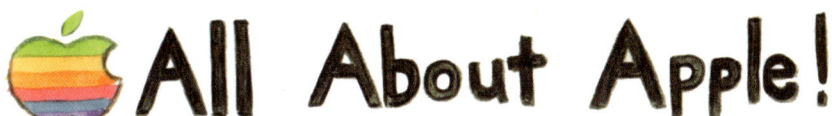

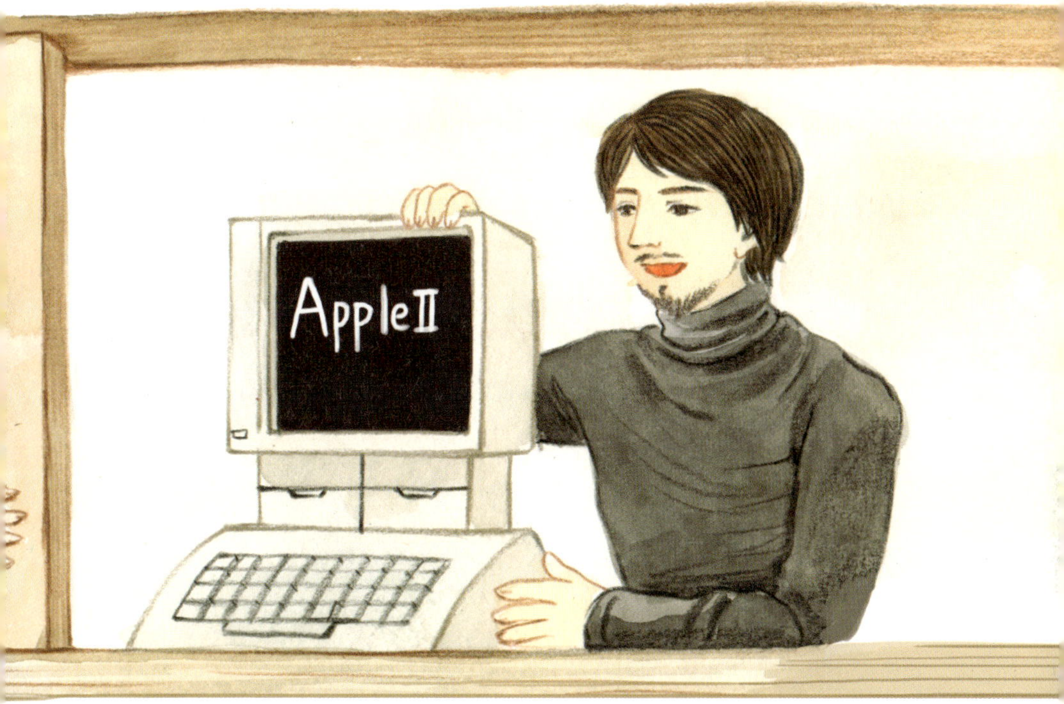

한 입 베어 문 사과 모양의 새로운 로고까지 준비한 스티브는 1977년 샌프란시스코에서 열린 '제1회 서부 연안 컴퓨터 박람회'에서 '애플 II'를 세상에 내놓았어.

"우리는 드디어 '애플 II'로 인해 획기적인 개인용 컴퓨터를 만나게 되었습니다. 이 제품으로 인해 인류의 삶이 크게 바뀔 것입니다."

모든 사람들이 '애플 II'에 열광했어. 스티브네 집 차고에서 시작한 애플사는 '애플 II'의 성공으로 업계 최정상 기업으로 빠르게 성장했고, 그는 25살의 젊은 나이에 억만장자가 되었지.

하지만 스티브는 여기에서 만족하지 않았어. 전 우주에 흔적을 남길 수 있을 만한 혁신적인 컴퓨터를 만들고자 도전을 멈추지 않았고, 고집스럽게 직원들을 몰아세우며 '애플Ⅲ'를 만들어 냈어.

스티브의 노력에도 불구하고 '애플Ⅲ'는 비싼 가격과 잦은 고장 때문에 사람들에게 외면을 당했어. 그렇게 애플사가 어려움을 겪는 동안 경쟁사인 아이비엠은 전 세계의 컴퓨터 시장을 장악해 나갔지.

스티브는 '애플Ⅲ'의 실패를 만회하고 싶어서 새로운 프로젝트에 몰두했어. 바로 사과 품종에서 이름을 딴 '매킨토시' 프로젝트였지. 사용자가 모니터에 있는 그림을 선택하면 해당 기능이 수행되고, 간단하게 마우스로 조작하는 등 '매킨토시'는 스티브가 꿈에 그리던 고급 컴퓨터였어.

매킨토시

'매킨토시' 프로젝트를 처음부터 끝까지 완벽하게 통제하고 싶었던 스티브는 개발자들과 자주 부딪혔어. 게다가 워즈니악마저 비행기 사고를 당해 회사를 그만두면서 기술적 도움을 받을 수 없었지. 어려운 상황에서도 스티브는 포기하지 않고 불가능해 보이던 '매킨토시' 프로젝트를 끝내 해냈어.

그렇게 애써 만든 매킨토시 컴퓨터는 너무 비싼데다 사용하는 사람들이 디자이너와 편집자로 제한되어 많이 팔리지 않았어. 결국 애플사는 그동안의 실패에 대한 책임을 물어 스티브를 쫓아냈지.

"내가 어떻게 세운 회사인데 나를 쫓아내⋯⋯."

이제 갓 30살이 된 스티브는 애플사에서 쫓겨난 후 이를 악물었어. 다시 시작하는 마음으로 '넥스트'라는 컴퓨터 회사를 세우고 '넥스트스텝'이라는 운영 체제까지 만들었지. 게다가 '픽사'라는 그래픽 회사까지 사들였지만, 이전에 그가 애플사에서 펼친 활약에 비해 뚜렷한 성과가 없자 사람들의 입에 오르내렸어.

"이제 스티브 잡스는 끝난 것 같네요."

스티브는 사람들의 비웃음과 넥스트와 픽사의 계속된 경영 악화에도 불구하고 실패를 두려워하지도 물러나지도 않았어.

스티브의 노력은 1988년 픽사에서 만든 〈틴 토이〉가 컴퓨터로 제작된 영화로서는 최초로 아카데미상을 받으면서 결실을 맺었어. 그 후에 디즈니사와 함께 만든 〈토이 스토리〉는 세계적인 대성공을 거두었고, 〈토이 스토리 2〉, 〈벅스 라이프〉, 〈니모를 찾아서〉 등의 작품들이 연달아 성공했지.

스티브는 연이은 실패를 극복하고 전혀 다른 분야인 애플과 픽사를 업계 최고의 기업으로 만든 신화적인 인물이 된 거야.

이렇게 스티브가 실패를 이겨 내며 새로운 신화를 쓰고 있던 사이 경영이 악화되었던 애플사는 그에게 돌아와 줄 것을 요청했어. 애플사를 떠난 지 꼭 10년 만의 일이었지.

다시 애플사의 최고경영자가 된 스티브는 자신의 경험을 바탕으로 직원들에게 이렇게 당부했어.

"여러분! 실패와 혁명적인 변화를 두려워하지 마세요. 그동안 애플사가 부진했던 것은 전혀 애플사답지 않았기 때문입니다. 애플사의 제품은 불필요한 장식을 없애고 소비자들이 최대한 편리하게 사용할 수 있도록 만들어야 합니다."

스티브의 지적은 옳았어. 단순하고 깔끔한 디자인의 컴퓨터와 노트북이 돌풍을 일으킨 거야. 이후 애플사의 제품들은 사용하기 쉽고 재미있으면서도 세련된 디자인으로 전 세계인들의 마음을 사로잡았지.

"내가 원하는 건 딱 두 가지, 집중과 단순함이에요. 이것이 우리가 추구해야 할 핵심입니다!"

사람들은 종종 스티브에게 이런 질문을 했어.

"애플사의 로고는 무슨 뜻입니까?"

"애플사의 로고인 한 입 베어 문 사과는 '지식의 습득'을 의미합니다. 컴퓨터는 인류에게 새로운 문명을 맛보게 하는 사과 같은 존재인 것이죠."

컴퓨터와 한 입 베어 문 사과라는 엉뚱한 조합처럼 애플사의 제품들은 풍부한 상상력을 바탕으로 예술적이며 창조적인 이미지를 만들어 냈고, 그것은 고스란히 애플사의 이미지가 되었어.

애플사에서 만든 아이폰은 스크린에 손가락을 대기만 하면 작동하는 편리함과 상상 이상으로 활용할 수 있는 응용 프로그램으로 사람들의 일상을 바꾸어 놓았고, 사람들이 열광했던 태블릿 PC인 아이패드 역시 마찬가지였지.

　스티브네 집 허름한 차고에서 시작된 애플사는 이제 그 이름만으로도 높은 가치를 지니게 된 거야. 사람들은 애플사의 신제품 발표회를 보기 위해 밤을 새고, 누구보다 먼저 신제품을 사기 위해 먼 길을 달려와 줄 서는 것을 당연하게 여기지. 다른 사람들이 꿈꾸지 않는 것을 꿈꾸고, 그것을 이루어 낸 애플사의 사과는 세상에서 가장 혁신적인 디지털 시대의 상징이 된 셈이야.

IT 산업을 이끈 스티브 잡스와 애플사

1. IT 산업이란 무엇일까?

IT(Information Technology) 산업은 정보를 주고받는 것은 물론 개발, 저장, 처리, 관리하는 데 필요한 모든 기술을 말해. 컴퓨터, 소프트웨어, 인터넷, 멀티미디어 등 정보화 수단에 필요한 유형·무형의 기술을 아우르는 새로운 개념의 기술을 말하는 거지.

오늘날 IT 산업이 주목하고 있는 분야는 스마트폰과 모바일 서비스 등으로 애플, 마이크로소프트, 구글 같은 미국 기업이 주도해 나가고 있어. 스티브 잡스는 IT 산업 분야에서 컴퓨터의 성능이나 소프트웨어의 품질뿐만 아니라 소비자의 욕구를 파악하고 예술과의 융합을 통해 종합적인 서비스를 제공한 앞선 경영인이었어.

2. 애플사의 공동 창업자, 스티브 워즈니악

대부분의 사람들은 애플사 하면 스티브 잡스를 떠올리지만, 개발자 측면에서 더 큰 활약을 보인 사람은 스티브 워즈니악이야. 그는 초기 애플 컴퓨터를 설계하였고, 마우스를 컴퓨터에 적용하였지. 그는 아버지가 군사 분야에서 활약한 전자 기술 개발자라 성장기 때 많은 영향을 받았다고 해. 고등학교 때 본격적으로 컴퓨터에 관심을 가졌고, 휼렛 패커드에 들어가 공학용 계산기를 개발하는 일을 하기도 했지.

스티브 워즈니악(왼쪽)과
스티브 잡스(오른쪽)

실리콘밸리 지역의 컴퓨터 동호회에 들어가면서 개인용 미니 컴퓨터에 대한 관심이 커졌고, 이때 만든 설계도를 바탕으로 훗날 '애플 I'을 만들었다고 해. 스티브 워즈니악은 1976년 스티브 잡스와 함께 애플 컴퓨터를 공동으로 세웠고, 특히 '애플 II'의 성공으로 그는 실리콘밸리에서 성공한 개발자로 유명해졌어. 하지만 안타깝게도 비행기 사고로 새로운 일을 기억하는 능력을 상실하면서, 1982년에 애플사를 떠나 지금은 예술 및 과학 관련 기관과 실리콘밸리를 후원하는 자선가로 활동하고 있어.

3. 영화 같은 성공 신화, 〈토이 스토리〉

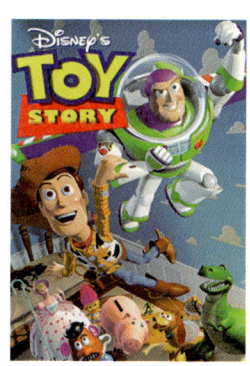

토이 스토리

〈토이 스토리〉는 애플사에서 쫓겨난 스티브 잡스가 애플사로 다시 돌아갈 수 있도록 발판을 마련해 준 애니메이션으로, 그가 경영했던 픽사(Pixar)를 세상에 알린 작품이기도 해. 최첨단 컴퓨터 애니메이션을 이용하여 100% 제작된 최초의 장편 만화 영화로, 보안관 인형 우디와 우주 전사 인형 버즈가 모험을 통해 우정을 배워 가는 과정을 이야기하고 있지.

픽사는 컴퓨터 화면을 구성하는 최소 단위인 픽셀(Pixel)과 예술(Art)의 합성어일 만큼, 〈토이 스토리〉는 컴퓨터 그래픽스 이미지로 애니메이션을 만들겠다는 그의 오랜 꿈을 실현시켜 준 것이지. 〈토이 스토리〉는 많은 사람들의 사랑을 받아 큰 흥행 수익을 올렸고, 여러 영화제에서 상을 받으며 기술력뿐만 아니라 작품성을 인정받았어.

🌸 IT 산업의 중심지인 실리콘밸리는 어떤 곳일까?

실리콘밸리는 미국 캘리포니아 주의 샌타클래라 계곡 지대에 위치한 첨단 산업 지역으로, 컴퓨터 회로를 만들 때 필수적인 실리콘이라는 재료 때문에 '실리콘밸리'라는 이름이 붙었다고 해. 실리콘밸리는 일 년 내내 비가 거의 오지 않아 습도가 낮기 때문에 전자 산업이 발달하기에 좋은 자연환경을 갖추었어. 게다가 가까운 곳에 있는 훌륭한 대학에서 우수한 인재를 확보할 수 있기 때문에 유명한 전자·컴퓨터 회사가 많이 모여 있기도 해.

🌸 세계 유명 IT 회사의 이름에 담긴 뜻은 무엇일까?

세상의 모든 웹 사이트를 검색할 수 있는 '구글(Google)'은 이름을 붙일 수 있는 숫자 중 가장 큰 숫자인 10의 100제곱, '구골(Googol)'에서 나온 말이라고 해. 구글의 설립자는 많은 정보를

실리콘밸리에 있는 구글사

모아 체계적으로 제공하자는 의미에서 Googol이라는 의견을 내놓았는데, 그만 오타가 난 채로 Google로 사용된 거야.

중국에서 빠르게 성장하고 있는 '샤오미'는 '좁쌀'이라는 뜻이야. 2010년 '샤오미'를 세운 창업자는 '작은 좁쌀이 큰 산을 이룬다.'는 불교의 가르침처럼 "처음부터 완벽함을 추구하기 보다는 작은 것에서 출발한다."는 뜻으로, 회사 이름을 '샤오미'라고 했대.

세상에서 가장 특별한 사과 이야기

9

트로이 전쟁을 일으킨

파리스의 황금 사과

트로이의 왕자 파리스에게
해결하기 어려운 문제가 주어졌어.
아름답기로 소문난 세 여신 중에서
가장 아름다운 여신에게 황금 사과를 바치라는 거야.
파리스는 고민하다가 아프로디테에게 황금 사과를 바쳤지.
그런데 이를 어째? 황금 사과 한 알 때문에 그만,
어마어마한 사건이 벌어지고 말았어!

 올림포스에서 불화의 여신 에리스는 인기가 없었어. 왜냐하면 에리스가 있는 곳에는 다툼이 끊이질 않았거든.

"에리스는 초대하지 말아요."

결혼을 앞둔 바다의 여신 테티스가 테살리아 프티아의 왕 펠레우스에게 말하자 그는 당연하다는 듯이 대답했어.

"물론 그럴 거요. 불화를 몰고 다니는 에리스가 오면 우리의 결혼식을 망쳐 놓을 테니까……."

각지의 왕과 올림포스의 신들이 모여든 펠레우스와 테티스의 결혼식에 결국 에리스만 초대받지 못했어. 화가 머리끝까지 난 에리스는 혼자 속을 끓이다가 주먹을 불끈 쥐었지.

"흥! 나만 쏙 빼놓겠다고? 어디 골탕 좀 먹어 보라지."

그러고는 번쩍이는 황금 사과에 〈가장 아름다운 이에게〉라고 쓴 뒤 결혼식 연회장 안으로 휙, 던졌어. 황금 사과는 연회장 한 가운데에 뚝 떨어지더니 또르르 굴러가면서 결혼식 연회에 참석한 모든 왕과 신들의 눈길을 끌었지.

"저기 반짝거리며 굴러가는 것은 뭐지?"

모두 본능적으로 반짝거리는 것을 줍기 위해 모여들자 연회장은 순식간에 아수라장으로 변했어.

"황금 사과다!"

"황금 사과에 글씨가 쓰여 있네. 〈가장 아름다운 이에게〉라고."

"그러니까 이 황금 사과는 가장 아름다운 이에게 주는 거네."

그러자 여신들은 황금 사과를 서로 갖겠다며 다투기 시작했어.
"내가 가장 아름다우니까 이 황금 사과의 주인은 바로 나야!"
"무슨 소리야? 이 황금 사과는 당연히 내가 가져야 해!"
저마다 자신의 미모를 앞세우며 황금 사과를 가져가려고 했지만 가장 아름다운 이를 가리는 건 쉬운 일이 아니었어. 특히 제우스의 아내인 헤라, 전쟁과 지혜의 여신인 아테나, 미의 여신인 아프로디테의 자존심 싸움은 아무도 말릴 수가 없었지.

세 여신들은 끝까지 다투어도 황금 사과의 주인을 결정짓지 못하자 그것을 들고 제우스를 찾아갔어.

"제우스께서 판결하여 주십시오. 이 황금 사과는 누가 갖는 게 옳은지요?"

능구렁이 제우스는 셋 중 한 명을 선택해 다른 두 여신의 원한을 사고 싶지 않았기에 황금 사과를 보며 난처한 얼굴로 말했지.

"흠, 지나치게 어려운 질문이군. 내 눈엔 모두가 아름다워 보이니 말이오. 아무리 생각해도 이 황금 사과를 누구에게 주어야 할지 판단이 서질 않아요. 아무래도 가장 잘생긴 사람인 파리스의 판결을 받는 게 좋겠소."

세 여신들은 서로 마주 보다가 두 눈을 동그랗게 뜨며 물었지.

"파리스라면 이다 산의 양치기를 말하시나요?"

"그렇소. 파리스에게 가서 물어보시오."

그러자 세 여신들이 어깨를 으쓱거리며 대답했어.

"안될 거 없지요. 파리스는 원래 트로이의 왕자니까."

"그래요. 파리스에게 판결을 부탁하는 것도 괜찮은 방법 같네요."

"좋아요. 파리스라면 공평하게 판결할 수 있을 거예요."

사실 파리스에 관해서 인간들은 잘 모르지만 신들만 아는 비밀이 하나 있었는데, 그것은 바로 파리스가 원래 트로이의 왕인 프리아모스의 아들이라는 거였지.

파리스가 태어났을 때 한 예언가가 다음과 같은 말을 했어.

"장차 트로이는 이 아이 때문에 멸망하고 말 것이오!"

예언을 들은 프리아모스는 기겁했어. 아무리 아들이라도 파리스 하나 때문에 자신의 왕국이 망할 거라니! 생각할수록 마음에 걸려 견딜 수가 없었어. 파리스 왕자가 커 갈수록 불안감을 떨쳐 버리지 못한 프리아모스는 결국 신하를 시켜 파리스를 왕궁에서 멀리 떨어진 이다 산으로 쫓아내고 말았지. 그 이후로 파리스는 이다 산의 양치기로 쭉 살고 있었던 거야.

세 여신들은 이다 산으로 가서 다짜고짜 번쩍이는 황금 사과를 파리스에게 보여 주며 물었어.

"파리스, 글씨를 읽을 줄 아느냐?"

"예. 다행히 까막눈 신세는 면했습니다."

"그럼 이 황금 사과에 쓰인 글씨를 읽어 보아라."

"〈가장 아름다운 이에게〉라고 쓰여 있군요."

"그 뜻을 알겠느냐?"

"가장 아름다운 이에게 이 황금 사과를 준다는 것이 아닌가요?"

"그럼 우리 셋 중에 누가 이 황금 사과를 가져야 하지?"

파리스는 번쩍이는 황금 사과와 여신들을 번갈아 보며 어찌할 바를 모르고 쩔쩔맸어. 처음 보는 황금 사과도 신기했지만, 갑자기 나타난 세 여신의 눈부신 아름다움에 넋이 다 나갈 지경인데, 누가 황금 사과를 가져야 할지 선택하라니? 왜 자신이 그런 선택을 해야 하는지 몰라 어리둥절한 표정만 짓고 있었지.

성질이 급한 헤라가 참다못해 파리스가 들고 있던 번쩍이는 황금 사과를 빼앗아 들며 말했어.

"파리스, 정직하게 대답해 다오. 이 황금 사과의 주인이 누가 되어야 한다고 생각하지? 난 너의 눈이 매우 정확하다는 걸 잘 안다. 그러나 한 가지, 네게 알려 줄 것이 있구나. 나에게는 너를 유럽과 아시아의 지배자로 만들어 줄 힘이 있단다."

이에 질세라 아테나도 헤라의 손에 들린 황금 사과를 빼앗아 손으로 쓱쓱 문지르며 말했어. 아테나의 손에 들린 황금 사과는 햇빛을 받아 더욱 번쩍거렸지.

"파리스, 겁내지 말고 대장부답게 선택하는 데 집중해라. 우리는 네가 어떤 선택을 하든 존중할 것이다. 다만 나는 전쟁에서 이기게도 하고 지게도 할 수 있는 전쟁의 여신이라는 것을 기억해 다오. 원한다면 나는 너를 모든 전쟁의 승리자로 만들어 줄 수 있다는 것을 잊지 말아라!"

아테나 여신의 말을 들은 아프로디테는 빙긋 웃으며 황금 사과를 살며시 가져와 이리저리 돌려 보았어. 황금 사과는 아프로디테의 하얀 손에서 더욱 아름답게 반짝거리며 모든 이들을 홀릴 것 같았지.

"파리스, 너는 소문대로 참으로 잘생겼구나! 나는 너에게 아무것도 요구하지 않을 것이야. 다만 너의 지혜를 나에게 제대로 보여 주기만 하렴. 그러면 지혜로운 사람에게 상 주기를 좋아하는 나는, 이 세상에서 가장 아름다운 여인을 너에게 상으로 줄 것이다."

아프로디테에게서 황금 사과를 받아든 파리스는 고민에 빠졌어. 유럽과 아시아의 지배자가 될 것인지, 전쟁의 영웅이 될 것인지, 세상에서 가장 아름다운 여인을 얻을 것인지 선택해야 했거든.

"제 눈엔 세 분 모두가 정말 아름답습니다. 저 같이 보잘것없는 양치기가 어떻게 신들의 아름다움을 판단할 수 있겠습니까? 차라리 이 사과를 세 여신에게 똑같이 쪼개어 드리면 안 될까요?"

파리스의 대답에 세 여신은 한숨을 쉬고 소리쳤어.

"세상에서 가장 아름다운 이는 단 한 명만 될 수 있지. 선택된 단 한 명만이 황금 사과를 가질 수 있는 거야!"

"그렇다면 제 어리석은 생각이지만 말씀드리지요. 이 황금 사과를 아프로디테님께 드리도록 하겠습니다."

한참 동안 세 여신의 눈치를 살피던 파리스가 조심스럽게 대답하며 빛나는 황금 사과를 아프로디테의 하얀 손 위에 공손하게 올려놓았어. 황금 사과를 받아든 아프로디테는 승리의 미소를 지었지. 그러자 체면을 구긴 헤라는 쌩하게 찬바람을 일으키며 돌아갔고, 아테나도 분한 마음을 감추지 못한 채 이를 악물며 돌아섰어.

두 여신의 미움을 받을 거라는 생각에 마음이 불편하기는 했지만 곧 파리스의 마음은 세상에서 가장 아름다운 여인을 얻을 생각에 한껏 부풀어 올랐지.

그렇다면 당시 세상에서 가장 아름다운 여인은 누구였을까? 바로 그리스 스파르타의 왕인 메넬라오스의 아내 헬레네였어.

아프로디테는 약속한 대로 파리스와 헬레네를 맺어 주기 위해 꾀를 내어 파리스가 스파르타에 사신으로 갈 수 있도록 힘을 썼어. 양치기로 살아오긴 했지만 본래 왕자로 태어난 파리스는 타고난 능력으로 자신의 임무를 거뜬하게 해냈지. 하지만 마지막 날이 다 가도록 헬레네를 만나지 못해 점점 초조해졌어. 파리스는 울적한 마음을 달래기 위해 달빛이 가득한 왕궁 뜰을 서성거렸어.

"그래, 잊어버리자. 이미 스파르타 왕의 아내가 된 사람을 어떻게 얻을 수 있겠어……."

그런데 참 묘하게도 기대를 버리자 헬레네가 나타난 게 아니겠어? 파리스는 달처럼 곱고 아름다운 헬레네를 보자 정신이 아득해졌어.

"오! 헬레네. 여신보다 아름다운 당신에게서 도무지 눈을 뗄 수가 없소. 내 심장이 당신과 함께할 수 없는 세상이라면 차라리 돌이 되는 게 나을 것이라고 말하고 있으니, 내 목숨을 걸고 반드시 당신을 훔쳐 가고 말겠소. 그러니 제발, 나와 함께 트로이로 가지 않겠소?"

물론 헬레네도 처음엔 얼토당토않은 말에 코웃음을 치며 거절했어. 하지만 젊고 잘생긴 파리스의 말은 너무나 달콤했고 어찌나 절절하던지 그녀는 그만 유혹을 뿌리치지 못하고 파리스를 따라 트로이로 도망치고 말았지. 메넬라오스는 사신이라고 환대했던 파리스에게 아내를 빼앗기자 모욕감을 참을 수가 없었어.

"이것은 나에 대한 도전이자 그리스에 대한 도전이다!"

메넬라오스는 곧 그리스에서 가장 강한 미케네 왕국의 왕이자 형인 아가멤논에게 도움을 청했어. 아가멤논 역시 분노하며 소리쳤지.

"이것은 한 사람만의 치욕이 아니라, 그리스 전체의 치욕이다. 이번 기회에 트로이를 단단히 혼내 주도록 하자!"

그리스의 여러 왕국들은 트로이를 공격하기 위해 군사들을 모아 준비를 마쳤고, 메넬라오스의 부탁을 받은 오디세우스와 아킬레우스 같은 영웅들도 합류했어. 그렇게 꾸려진 그리스 연합군이 곧 지중해를 건너가 트로이에 전쟁을 선포한 거야.

처음에는 그리스 연합군 쪽이 우세해 보였어. 약점이 없어 불사신의 몸을 가지고 있다는 아킬레우스를 당해 낼 트로이군이 없었지. 전쟁을 곧 끝내고 보상으로 많은 재물을 얻어 집으로 돌아갈 수 있다는 생각에 그리스군은 들떠 있었어.

하지만 총지휘관인 아가멤논과 아킬레우스가 미녀 브리세이스를 놓고 갈등을 일으키고, 여신들이 전쟁에 끼어들면서 사정은 달라졌어. 파리스에게 황금 사과를 받은 아프로디테가 트로이군을 도와주고, 파리스의 선택을 받지 못했던 헤라와 아테네가 그리스군을 지원하면서 전쟁은 쉽게 끝나지 않고 무려 10년 동안이나 계속되었지.

그리스가 트로이를 무너뜨리는 데 결정적인 역할을 한 것은 바로 트로이의 목마야. 전쟁이 끝날 기미가 없이 지지부진하자 그리스 이타카의 왕이자 지략가로 알려진 오디세우스는 한 가지 꾀를 내었어. 거대한 목마를 만들어 그 안에 병사들을 숨겨 놓은 다음, 트로이 성을 포위하고 있는 군대를 철수시키고 남은 군대도 모두 배에 태워 그리스로 돌아가는 것처럼 꾸민 것이지.

그리스 군대를 실은 배가 떠나가는 것을 확인한 트로이 병사들은 성문을 열고 밖으로 나왔어.

"와! 그리스군이 모두 물러갔다. 트로이 만세!"

승리를 만끽하던 트로이군은 곧 그리스군이 남기고 간 거대한 목마 주위로 모여들었어. '아테네 신에게 바친다.'는 글씨가 새겨진 목마를 신에게 바치는 제물이라 생각하고 성안으로 들여놓았지.

10년에 걸친 전쟁이 승리로 끝났다고 생각한 트로이 사람들은 남녀노소 할 것 없이 밤늦게까지 승리의 축제를 즐겼어.

새벽이 되어 승리의 축배를 들던 사람들이 모두 곯아떨어지고 주위가 조용해지자, 목마 안에 숨어 있던 그리스 병사들이 빠져 나와 성문을 열어 주었어. 철수한 것처럼 꾸몄던 그리스군은 어느새 성문 앞에 대열을 갖추고 대기하고 있었던 거야. 그들은 곯아떨어진 트로이군을 무찌르고 성을 쉽게 함락시켰고, 결국 트로이는 예언가의 말처럼 파리스 때문에 멸망하고 말았지.

어떻게 보면 세 여신이 황금 사과 하나를 가지려고 하다가 트로이 전쟁이 벌어진 거야. 이 전쟁으로 불화의 여신 에리스는 그리스와 트로이를 혼란에 빠뜨렸고, 펠레우스와 테티스의 아들인 아킬레우스가 트로이 전쟁에 참여했다가 죽게 되면서 결혼식에 초대받지 못한 복수를 제대로 했지.

트로이 전쟁과 영웅들

1. 역사상 최초의 서사시, 호메로스의 《일리아스》

서사시는 민족의 신화, 전설, 영웅에 관한 이야기를 읊은 긴 시를 말해. 역사상 서양 문학의 최초로 여겨지는 호메로스의 《일리아스》는 트로이 전쟁을 중심으로 신의 세계와 영웅의 세계를 그린 작품이지. 《일리아스》는 소아시아의 서북부에 있던 도시, 트로이의 별칭 일리오스에서 유래한 것으로 '일리오스 이야기'라는 뜻이야. 이런 작품이 기원전 8세기에 지어져 말로 전해져 내려오다가 기원전 6세기경에 문자로 기록되어 전해진 거야. 이 시는 신이 아닌 인간의 눈으로 세상을 보기 시작한 작품으로, 이후 유럽의 문화에 큰 영향을 끼쳤어. 기록에 따르면 호메로스는 장님 이야기꾼으로, 그리스의 여러 도시를 떠돌아다니며 가난한 삶을 살았다고 해.

호메로스

2. 그리스의 여러 나라가 트로이 전쟁에 참여한 까닭은 무엇일까?

헬레네는 매우 아름다웠기 때문에 그리스의 수많은 왕들과 영웅들로부터 청혼을 받았어. 헬레네의 아버지는 그녀의 선택을 받지 못한 이들이 분노하여 전쟁을 일으킬까 봐 두려웠어. 그래서 헬레네가 누구를 선택하더라도 나머지 사람들은 이를 따르며 선택받은 자의 명예를 목숨 걸고 지키겠다는 맹세를 하게 했어. 훗날 헬레네가 파리스와 함께 사라지자 과거에 맹세를 했던 그리스 여러 나라의 왕들과 영웅들이 트로이를 공격하는 일에 참여하게 된 거야.

3. 영웅들의 싸움이었던 트로이 전쟁

트로이 전쟁에는 많은 영웅들이 등장하지만, 그중에서도 가장 유명한 이는 그리스군 측의 아킬레우스와 트로이군 측의 헥토르야.

아킬레우스는 펠레우스와 테티스의 아들로 태어났어. 바다의 여신이었던 테티스는 갓난아이였던 아킬레우스를 불사신으로 만들고 싶어서 영원한 생명을 주는 저승의 강에 여러 번 담갔다고 해. 이때 손으로 잡고 있던 발뒤꿈치만 젖지 않아 아킬레우스의 치명적인 약점이 되었지. 아킬레우스는 트로이 전쟁에 참가했지만 곧 아가멤논과 사이가 벌어져 싸움에서 빠졌어. 그런데 친구인 파트로클로스가 자신의 갑옷과 무기를 빌려 전쟁터에 나갔다가 죽자 복수를 위해 다시 싸움에 나선 거야. 싸움에서는 승리하였지만, 그 역시 파리스의 화살에 유일한 약점이었던 발뒤꿈치를 맞고 죽었어.

아킬레우스의 죽음

헥토르는 트로이의 왕 프리아모스의 장남으로 트로이군의 총지휘관이자 트로이 전쟁이 일어나게 된 원인인 파리스의 형이었어. 그는 많은 그리스군과 파트로클로스를 쓰러뜨렸지만 친구의 복수에 나선 아킬레우스에게 공격을 받아 죽고 말았지.

아킬레우스에 의해 끌려다니는 헥토르의 시체

🌸 파리스에 관한 또 다른 이야기

파리스의 어머니인 헤카베가 임신했을 때 꿈속에서 활활 타오르는 횃불 하나를 낳았는데, 그 불꽃이 점점 트로이 시내로 번지더니 나라 전체를 잿더미로 만들어 버렸대. 이 꿈이 트로이의 멸망을 의미하는 불길한 징조라고 하여 파리스는 태어나자마자 버려져 이다 산의 양치기들 손에서 자랐지만, 운명의 장난처럼 결국 트로이 전쟁이 일어나는 원인을 제공했어.

활 쏘는 기술이 뛰어났던 파리스는 트로이 전쟁에서 자신의 장기를 발휘하여 아킬레우스를 쓰러뜨렸지만, 결국 전쟁에 패배하여 운명을 바꾸지 못하고 트로이의 멸망을 가져왔지.

🌸 오늘날 '트로이 목마'는 어떤 뜻으로 쓰일까?

'트로이 목마'는 외부에서 들어온 요인에 의하여 내부가 무너지는 것을 가리키는 말로 쓰여. 대표적인 예로 컴퓨터 악성 프로그램이 있지. 유용한 프로그램으로 꾸며 사용자가 실행하도록 속인 후 사용자의 정보를 빼가는데, 이것을 '트로이 목마'라고 불러.

터키를 방문하면 트로이 유적지에서 발굴된 동전과 도자기에 남긴 모습을 본떠 만든 목마 모형을 볼 수 있는데, 이 모형이 1998년에 유네스코 세계 문화유산으로 지정되었어.

터키 파낙칼레에 있는 트로이의 목마

세상에서 가장 특별한 사과 이야기

명사수 빌헬름 텔의
자유를 향한 사과

빌헬름 텔은 활을 잘 쏘기로 유명했어. 아무리 그래도 그렇지.
게슬러 총독이 텔의 아들 머리 위에 사과를 얹어 놓고
먼 거리에서 화살을 쏘아 명중시키라고 명령한 거야!
온 힘을 다해 쏜 빌헬름 텔의 화살은 사과에 명중했을까?

스위스는 알프스 산맥으로 둘러싸여 경치가 좋고 아름다운 호수가 있는 곳으로, 한때 오스트리아 합스부르크 왕가의 지배를 받았어. 그런 스위스의 어느 마을에 살고 있었던 빌헬름 텔은 활을 잘 쏘기로 유명한 사냥꾼이었지.

어느 날 빌헬름 텔은 아들 발터의 손을 잡고 광장을 향해 걸어가고 있었는데, 그날따라 사람들이 삼삼오오 모여서 웅성거리고 있는 모습이 보통 때와 분위기가 매우 달랐어.

"도대체 무슨 일이지?"

이상하게 여긴 빌헬름 텔이 고개를 갸웃거릴 때, 마침 큰 소리가 들려왔지.

"이 모자는 게슬러 총독의 것이다! 게슬러 총독은 위대한 오스트리아의 왕을 대신하여 너희를 다스리고 있는 분이시니 모두들 충성의 표시로 이 모자에 절을 하고 지나가거라."

사람들은 머뭇거리며 난감한 표정으로 서로를 바라보았어. 모두들 고개를 저으며 되도록 총독 일행과 눈을 마주치지 않으려고 애썼지.

"저 창에 걸린 모자에 절을 하라고? 말도 안 돼!"

게슬러는 오스트리아 왕이 보낸 총독으로 욕심이 많고 음흉했어. 스위스 사람들의 재산을 마음대로 빼앗고, 말을 듣지 않는다는 이유로 죄 없는 사람들을 잡아 가두는 것은 흔한 일이었지. 그런데 이번에는 뾰족한 창에 자신의 모자를 걸어 놓고는 절을 하라는 거야.

"어서 절을 해! 그렇지 않으면 절대 지나갈 수 없다."

게슬러의 부하들은 길을 막고 서서 창 끝으로 사람들을 위협했어.
'살기 위해선 어쩔 수가 없군.'
사람들은 게슬러의 모자에 절을 할 수밖에 없었어.
"공손히! 존경하는 마음을 가득 담아 절을 하라고!"
게슬러의 부하들은 더욱 날뛰며 심지어 절하는 사람들의 엉덩이를 발로 차고 윽박질렀지.

멀찌감치 서서 그 모습을 보며 사정을 파악한 텔은 아들 발터에게 속삭였어.

"흥! 저 따위 모자에 절을 하라고? 그럴 수는 없지. 발터야, 우리는 돌아서 가도록 하자."

텔은 고개를 숙인 채 아들의 손을 꼭 쥐고 서둘러 다른 길로 가기 위해서 돌아섰지만, 그 모습이 게슬러 부하들의 눈에 띄고 말았어.

"거기 서라! 네 놈도 방금 우리가 한 얘기를 들었을 텐데, 왜 절을 하지 않고 가려는 거지?"

게슬러의 부하들은 어느 틈에 달려와서 텔과 발터의 주위를 에워싸고 시비를 걸었어.

"오스트리아 사람들은 모자에 절을 하는 모양이군요. 하지만 우리 스위스 사람들은 모자에 절을 하지 않습니다."

"뭐라고? 네 녀석이 감히 총독님의 명령을 듣지 않겠다는 말이지? 이놈을 당장 끌고 가라!"

게슬러의 부하들이 우르르 달려들어 텔과 발터를 잡아끌고 게슬러 총독에게 데려갔어. 광장에 있던 사람들은 텔의 용기에 마음속으로 박수를 보내며 이 광경을 숨죽인 채 바라보고 있었지.

"놓아라! 네 놈들이 아무리 윽박질러도 난 저 따위 모자에 절하지 않을 거다!"

텔은 게슬러 총독 앞에서도 그 뜻을 굽히지 않았어.

"이놈은 대체 누구이기에 이렇게 큰소리를 치는 거지?"

말 위에 앉아 있던 게슬러가 펄쩍 뛰어내리며 묻자, 한 부하가 고개를 조아리며 대답했어.

"빌헬름 텔입니다. 이 마을에서 활 쏘는 솜씨가 가장 뛰어나다고 소문난 사냥꾼이지요."

"그렇게 소문이 자자하다면 네 놈의 활 쏘는 솜씨가 얼마나 뛰어난지 한번 시험해 봐야겠군. 아주 재밌을 것 같아!"

순간, 게슬러의 눈빛이 교활하게 빛났어.

"네 옆에 바짝 붙어 선 아이가 네 놈의 아들이겠지?"

게슬러는 발터를 보며 사악한 미소를 지었지.

"저 아이를 나무 앞에 세워 놓고 머리 위에 사과를 올려놓아라."

게슬러의 명령에 부하들은 곧 사과 장수의 바구니에서 붉은 사과를 꺼내 들고, 발터를 나무 앞으로 끌고 간 후 아이의 머리 위에 사과를 올려놓았어.

"자, 빌헬름 텔! 저기 네 아들놈을 보아라. 만약 화살로 네 아들놈 머리 위에 있는 사과를 쏘아 맞히면 너를 풀어 주겠다. 그러나 만약 저 사과를 맞히지 못한다면 너는 내 명령을 듣지 않은 죄로 감옥에서 평생 썩게 될 것이야."

빌헬름 텔은 이글거리는 눈으로 게슬러를 노려보았어. 자신의 아들에게 활을 겨누라니. 분노에 찬 그가 입술만 깨물고 있는 사이 평소 아버지의 활 쏘는 솜씨를 자랑으로 여기는 아들이 소리쳤지.

"아빠, 난 아빠를 믿어요. 아빠는 분명히 사과를 맞출 수 있어요."

"네 말이 맞다. 발터, 걱정하지 마라!"

아빠와 아들의 간절한 대화를 듣던 게슬러는 잔인하게 비웃음을 날리며 자신이 정한 규칙을 발표했어.

"80보! 빌헬름 텔은 80보 뒤로 가서 활을 쏘아 네 아들 머리 위에 있는 사과를 맞혀야 한다. 물론 그럴 리는 없겠지만, 성공한다면 명령을 어긴 죄를 용서해 주겠다."

텔이 결연한 표정으로 한 발자국씩 움직이자 총독 일행과 사람들은 큰 소리로 빌헬름 텔의 걸음 수를 세며 함께 움직였어.

"하나, 둘, 셋, 넷, 다섯……."

텔이 뒤로 걸어갈수록 아들의 얼굴은 점점 희미해졌고, 머리 위의 사과는 콩보다 더 작게 보였지.

"…… 일흔일곱, 일흔여덟, 일흔아홉, 여든!"

마침내 걸음을 멈춘 텔은 크게 심호흡하며 긴장을 풀기 위해 노력했어. 아들 머리 위의 사과를 향해 활을 겨눈 순간, 아들 발터의 목소리가 귀에 쟁쟁하게 들려왔어.

"아빠! 마음 편하게 가지시고 평소대로 쏘세요!"

텔은 두려움을 꾹 참으며 애써 태연한 척하는 아들에게 활을 겨누어야 하는 상황을 받아들일 수 없었어. 하지만 모든 일의 원흉인 게슬러 총독을 쏘아본 후 헝클어진 마음을 다잡았지.

"발터, 절대 움직이면 안 된다."

텔은 걱정하지 말라는 뜻으로 아들에게 조용히 손을 들어 보였어. 하지만 아무리 명사수라 해도 아들에게 활을 쏘는데 어떻게 떨지 않을 수 있겠어? 화살이 조금이라도 빗나간다면 아들의 목숨이 위태로워지는데…….

'그래. 평소대로 하자!'

자신을 믿고 조금의 흐트러짐 없이 꼿꼿하게 서 있는 발터를 보며 텔은 떨리는 마음을 가라앉히고 눈을 감았어. 다시 눈을 떴을 때는 어느 정도 안정을 되찾을 수 있었지.

하지만 80보 밖에서 머리 위에 얹은 사과를 또렷하게 보기란 거의 불가능한 일이었어. 사과는 보일락 말락 흐릿한 그림자처럼 가물가물했지. 텔이 숨을 멈춘 채 눈도 깜박이지 않고 온 힘을 다해 집중하고 또 집중하자 흐릿하게 보이던 사과가 점점 또렷이 보이기 시작했어. 마침내 사과는 주먹만하게 보였지. 텔은 그 순간을 놓치지 않고 힘차게 활을 당겼고, 화살은 바람을 가르며 날아가 정확하게 아들의 머리 위에 놓인 사과를 꿰뚫었어.

숨을 죽이고 구경하던 사람들은 자기도 모르게 탄성을 내질렀고, 심지어 게슬러의 부하들까지도 놀라 소리를 쳤어.

"우아! 빌헬름 텔 만세! 텔이 해냈다!"

텔이 기쁜 마음에 손을 번쩍 치켜들던 그 순간, 갑자기 발밑으로 화살 하나가 툭 떨어졌어.

"빌헬름 텔이 화살을 2개 가지고 있었다!"

부하들은 곧장 달려와 텔을 게슬러 앞으로 끌고 갔어.

"이게 무엇이냐? 왜 화살을 2개나 가지고 있었지?"

텔은 당당한 표정으로 게슬러의 물음에 답을 했어.

"만약 내가 실패하여 아들이 화살에 맞았을 경우, 당신에게 복수하기 위해 숨겨 두었던 화살이오."

"이 녀석을 끌고 성으로 돌아간다."

게슬러는 텔에게 마지막 일격을 가하는 것도 잊지 않았어.

"텔, 지금 아들을 실컷 봐 두라고. 다시는 살아서 네 아들을 볼 수 없을 테니까."

게슬러의 말에 텔이 몸부림치자 부하들은 그를 꽁꽁 묶어 호숫가로 데려갔어. 높고 튼튼한 벽으로 둘러싸인 성안의 감옥에 가두려면 배를 타고 호수를 건너야만 했거든. 게슬러와 그의 부하들을 본 뱃사공은 잔뜩 겁에 질려 말했어.

"총독 나리, 지금은 호수를 건널 수가 없습니다. 하늘을 뒤덮고 있는 검은 구름을 보세요. 곧 폭풍우가 몰아칠 겁니다."

"상관없다! 어서 배를 띄우고 노를 저어라."

명령을 거역할 수 없었던 뱃사공은 배를 띄우고 노를 저어 성으로 향했어. 그런데 정말 얼마 못 가서 천둥소리가 호숫가에 울리기 시작했지. 바람이 골짜기를 휘돌며 물결을 일으켰고, 이내 물결이 배를 집어 삼킬 듯 요동쳤어. 날은 점점 어두워지고 배가 뒤집힐 듯 기우뚱거리자 뱃사공은 노를 놓고 더 이상 갈 수 없다며 납작 엎드려 빌었어.

"그렇다면 할 수 없군. 텔, 이리 와서 함께 노를 저어라!"

텔은 뱃사공과 함께 노를 저으며 중심을 잡고 유심히 주변을 살폈어. 호숫가의 높은 절벽 위로 어둠 속에 잠긴 산봉우리들이 빙 둘러 병풍처럼 삐죽 솟아나 있었지. 도망칠 생각에 골몰하던 텔에게 마침 좋은 생각이 떠올랐어.

"지금은 저 숲에 배를 대고 폭풍우가 그친 뒤에 움직여야 합니다."

빌헬름 텔이 가까운 숲을 가리키며 말하자, 게슬러가 하늘을 쳐다본 후 마지못해 허락했어. 텔은 가까스로 물가에 배를 대고 총독 일행이 배에서 내리느라 정신없는 틈을 타서 자신의 활과 화살을 챙겨 급히 달아났어.

"거기 서라."

"텔이 도망간다. 빨리 추격해라."

게슬러의 부하들이 텔을 찾아 나섰지만 소용없는 일이었어. 사냥꾼으로 근처의 숲을 제집처럼 드나들던 텔이 맘먹고 몸을 숨기자 찾을 수가 없었지. 게다가 날씨마저 텔을 돕고 있었거든.

"할 수 없군. 폭풍우가 멈추면 다시 수색을 시작한다!"

빌헬름 텔은 나뭇잎으로 몸을 가리고 숨어서 게슬러가 오기만을 기다렸어. 폭풍우가 멈추자 게슬러는 부하들을 잔뜩 거느리고 숲 속에 나타났지.

"분명히 이 근처에 있을 거다. 샅샅이 뒤져라. 죽여도 상관없으니 반드시 찾아내야 한다."

하지만 아무도 텔을 찾지 못했고, 텔은 숨을 죽이고 화살을 겨눈 채 때를 기다렸어. 마침내 기다리고 기다리던 게슬러가 텔이 몸을 숨긴 나무 가까이를 지나가는 순간, 텔은 온 힘을 다해 활을 당겼지. 핑! 날아간 화살은 곧바로 게슬러의 가슴을 꿰뚫었어. 아들 발터의 머리 위에 있던 사과처럼 정확하게!

빌헬름 텔이 게슬러 총독을 죽였다는 소문은 곧 스위스의 모든 마을로 퍼져 나갔어. 이 일을 계기로 스위스 인들은 크게 용기를 얻고 오스트리아에 빼앗겼던 자유를 되찾기 위해 힘을 모아 맞서 싸웠어.

스위스 인들에게 빌헬름 텔이 쏘아 맞힌 사과는 단순한 사과가 아니었던 거야. 권력이나 폭력으로 자유를 억압하려는 이에 대항해 자유와 정의, 진리를 되찾으려는 사람들의 바람을 대신했던 것이지.

빌헬름 텔과 실러

1. 프리드리히 폰 실러

<빌헬름 텔>은 실러가 죽기 한 해 전인 1804년에 완성한 연극 대본이야. 실러는 1759년 독일에서 군의관이던 아버지와 신앙심이 깊던 어머니 사이에서 태어났어. 원래부터 글쓰기에 관심이 많았지만, 영주의 명령으로 어쩔 수 없이 사관 학교에 입학해 법률과 의학을 공부했

실러의 초상화

지. 그때부터 부당한 권력에 반감을 가지고 권력에 저항하는 모습을 작품 속에 많이 담았어. 실러는 작품의 내용 때문에 영주의 미움을 받아 자기 나라에서 살지 못하고 여러 나라를 떠돌아다니며 가난하게 살았어. 하지만 그는 어려운 형편임에도 불구하고 글쓰기를 이어 가며 좋은 작품을 계속 발표하다가 급성 폐렴에 걸려 1805년 짧은 생을 마감했지.

2. <빌헬름 텔>의 역사적 배경은 무엇일까?

스위스의 우리, 슈비츠, 운터발텐 세 지역은 영주가 지배하지 않고 합스부르크 황제로부터 자치권을 인정받은 곳이었어. 그런데 1298년, 합스부르크 황제로 선출된 알브레히트 1세는 영토를 확장하기 위해 세 지역에 관리인을 파견하였고, 관리인으로 파견된 사람들은 주민들의 땅을 빼앗기 위해 악랄하게 굴었지. 그러자 세 지역의 주민들은 회의를 열고 힘을 합쳐 세 주의 관리인들을 몰아냈어. 자유를 지키기 위해 맞서 싸우고, 그 싸움에서 승리함으로써 스스로의 권리를 지킬 수 있었던 거야.

　세월이 흘러 1799년 나폴레옹이 스위스를 점령하자 우리, 슈비츠, 운터발텐 세 지역을 중심으로 이에 대한 강력한 저항 운동이 일어났고, 오래전부터 북유럽 지역에 전설처럼 전해 내려오던 명사수 텔의 이야기는 다시금 사람들의 관심을 모으게 되었어. 이런 사회 분위기 속에서 실러는 스위스 독립운동을 배경 삼아 자유 투사인 빌헬름 텔을 주인공으로 한 대본을 쓴 거야.

3. 실러와 괴테의 우정

　괴테는 독일 문학을 상징하는 세계적인 문학가야. 자유를 향한 이상주의자였던 실러와 현실과 경험을 중시했던 괴테는 서로 생각이 달랐고 괴테가 실러보다 10살 정도 많았어. 하지만 둘은 편지를 주고받으며 세대를 초월한 우정을 나누었지. 실러가 〈빌헬름 텔〉을 쓴 것도 괴테와 관련이 깊어. 실러는 스위스를 여행했던 괴테에게서 편지로 텔에 관한 이야기를 듣고는 관심을 갖고 자료를 수집해서 대본을 썼어. 실러가 대본을 완성하자 괴테가 감독을 맡아 첫 무대에 올렸지. 지금도 두 사람은 〈빌헬름 텔〉이 처음으로 상연되었던 바이마르 극장 앞에 손을 잡고 서 있어.

　실러가 세상을 뜨자 괴테는 "내 존재의 반을 잃었다."며 슬퍼했고, 두 사람은 나란히 바이마르 묘지에 잠들어 있어.

괴테(왼쪽)와 실러(오른쪽)의 동상

❁ 실러는 한 번도 스위스에 가 보지 않았다고?

〈빌헬름 텔〉의 무대는 스위스로, 역사뿐만 아니라 자연환경에 대한 묘사까지도 작품 속에 세세하게 많이 나와.

실러는 빌헬름 텔을 소재로 한 작품을 쓰기로 마음먹고 스위스 여행을 계획했지만, 몸이 아파서 갈 수 없었어. 그 대신 실러는 스위스의 모든 것에 대하여 공부하기 시작했지. 어느 정도 스위스에 대한 것을 파악한 실러는 1803년 8월 25일부터 1804년 2월 18일까지 작업실에 틀어박혀 〈빌헬름 텔〉을 완성했다고 해.

❁ 세계의 명궁수들

명궁수는 활을 잘 쏘기로 이름난 사람을 말해. 빌헬름 텔처럼 말이야.

우리나라의 명궁수로는 고구려를 세운 주몽을 들 수 있어. 주몽이라는 이름에는 '활을 잘 쏘는 사람'이라는 뜻이 담겨 있어.

영국의 유명한 명궁수는 로빈 후드로, 뛰어난 활 솜씨로 평민임에도 불구하고 왕의 신임을 얻었다고 해.

알트도르프에 있는 빌헬름 텔 부자의 동상

중국의 명궁수는 춘추 시대 초나라 사람이었던 양유기였어. 그는 버드나무에서 100걸음 떨어진 곳에서 활을 100번 쏘아 버드나무 잎을 100번 맞혔다고 해. '백발백중'이라는 말이 이 사람의 이야기에서 생겨났어.

세상에서 가장 특별한 사과 이야기

11

백설 공주의 아름다움을 시기한
왕비의 독 사과

백설 공주는 아름답다는 이유로 여러 번 목숨을 잃을 뻔했어.
하지만 사냥꾼과 난쟁이들 덕에 번번이 살아남았지.
새 왕비는 그런 백설 공주가 미워 죽을 지경이야.
마지막으로 새 왕비가 찾아와 건네준 것은 독 사과!
백설 공주는 독 사과를 덥석 깨물어 먹고 쓰러졌어.
이번에도 백설 공주는 다시 살아날 수 있을까?

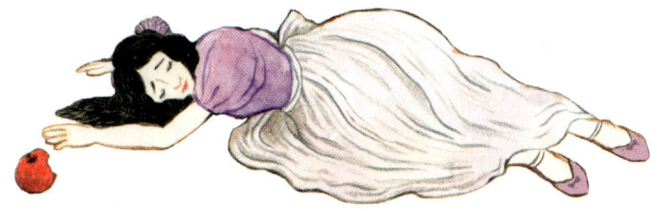

옛날에 아름다운 왕비가 눈처럼 하얀 천에 한 땀 한 땀씩 고운 수를 놓다가 그만 바늘에 손가락을 찔리고 말았어. 빨간 핏방울이 하얀 천 위에 똑똑 떨어지는 걸 보며 왕비는 자기도 모르게 중얼거렸지.

"눈처럼 하얀 피부와 장미처럼 붉은 입술, 흑단처럼 검은 머리카락을 가진 딸을 갖고 싶구나."

그 말 때문이었을까? 오랫동안 아기가 없었던 왕비는 이듬해 바라던 대로 아주 예쁜 딸을 낳았고, 왕은 공주를 얻은 것에 크게 기뻐하며 이름을 지어 주었어.

"눈처럼 흰 살결을 가졌으니 백설 공주라고 합시다."

하지만 안타깝게도 왕비는 백설 공주를 낳은지 얼마 지나지 않아 그만 세상을 떠났고, 세월이 흐르자 왕은 새 왕비를 맞았지.

새 왕비는 젊고 아름다웠지만 아주 질투가 많았어. 그런 새 왕비가 특별히 아끼는 물건이 하나 있었는데, 그건 바로 진실만을 말하는 신비한 거울이었어. 왕비는 아침마다 거울에게 질문을 했지.

"거울아, 거울아, 이 세상에서 누가 제일 아름답지?"

"그야 물론, 왕비님이시죠."

왕비는 이 말을 들을 때면 더없이 행복했어. 하루라도 이 말을 듣지 않으면 불안할 정도였지.

세월이 한참 흐른 어느 날, 새 왕비는 늘 그랬듯이 자신의 아름다움을 확인받기 위해 거울에게 물었어.

"거울아, 거울아, 이 세상에서 누가 제일 아름답지?"
왕비는 어김없이 자신이 가장 아름답다는 말이 들려오길 기다렸는데, 그날 거울의 대답은 지금까지와는 달랐어.
"왕비님도 아름다우시지만, 백설 공주가 더 아름답습니다."
왕비는 그제야 공주가 놀랄 만큼 아름답게 자랐다는 게 생각났어. 왕비는 공주를 죽이기로 결심하고는 사냥꾼을 불러 명령했지.
"백설 공주를 숲 속으로 데려가 없애 버린 후, 그녀의 간과 폐를 증거로 가져오너라!"

왕비의 명령을 받은 사냥꾼은 백설 공주를 데리고 깊은 숲 속으로 들어갔어. 한참을 걷던 사냥꾼은 칼을 꺼내 들고 공주에게 다가갔지.

"백설 공주님, 죄송합니다. 왕비님께서 제게 공주님을 죽이라고 명령하셨습니다."

사냥꾼의 청천벽력 같은 소리를 백설 공주는 믿을 수가 없었어.

"새 어머니께서 저를 왜? 저는 아무 잘못도 하지 않았어요. 뭔가 잘못 알고 계시는 거예요. 제발 살려 주세요."

사냥꾼은 순수한 백설 공주를 차마 제 손으로 죽일 수 없었어.

"성으로 돌아가시면 왕비님은 또다시 공주님을 죽이려 할 것입니다. 이대로 멀리 왕비님을 피해 더 깊은 숲 속으로 달아나십시오."

백설 공주가 깊은 숲으로 몸을 피하는 것을 확인한 사냥꾼은 멧돼지 한 마리를 잡아 간과 폐를 꺼내 왕비에게 가져갔어.

"그래, 수고했다. 오늘 일은 우리 둘만의 비밀이다. 절대 입 밖에 내서는 안 된다!"

홀로 남겨진 백설 공주는 한참 동안 숲 속을 헤매던 중 작고 아담한 오두막집을 발견하고는 조심스럽게 안으로 들어갔어. 몹시 배고프고 고단했던 그녀는 집 안을 이리저리 살펴보다가 식탁 위에 잔뜩 차려져 있는 빵과 과일을 발견하고는 급하게 배를 채웠지. 죽음의 공포에서 벗어나 배를 채우고 몸이 따뜻해지자 긴장이 풀린 백설 공주는 자신도 모르게 쓰러져 잠들고 말았어.

백설 공주가 깊은 잠에 빠진 동안 밖으로 일을 나갔던 집주인이 돌아왔어. 자그마치 일곱 명이나 되는 난쟁이들이었지. 자기네 집에 있는 낯선 이를 본 그들은 놀라서 수군댔어.

"누가 우리 침대에서 자고 있네!"

"우리 음식을 몽땅 다 먹어 버렸어!"

"와! 정말 아름답다!"

"이제 좀 조용히 해. 더 자게 두자."

그리고 다음 날 아침, 백설 공주가 겪은 이야기를 모두 들은 일곱 난쟁이들이 말했어.

"백설 공주님, 그런 사악한 왕비가 있는 성은 잊어버리고 여기서 우리와 함께 행복하게 살아요."

한편, 백설 공주가 죽은 줄로만 알고 있던 왕비는 설레는 마음으로 거울에게 물었어.

"거울아, 거울아, 이 세상에서 누가 제일 아름답지?"

"왕비님도 아름답지만, 숲 속에서 일곱 난쟁이들과 함께 사는 백설 공주가 더 아름답습니다."

"이럴 수가! 백설 공주가 아직 살아있다니……."

자신이 속았다는 사실을 알게 된 왕비는 펄펄 뛰며 화를 냈지.

"좋아. 그렇다면 내가 직접 백설 공주를 없애 버리겠어!"

왕비는 리본 장수로 꾸민 후 난쟁이들의 오두막집 앞에서 소리쳤어.

"리본 사세요! 머리나 허리에 묶기 좋은, 예쁜 리본이 있어요."

집 안에서 바느질을 하고 있던 백설 공주는 오랜만에 들은 외부 사람의 목소리에 호기심이 생겨 창문을 활짝 열었어.

"아름다운 아가씨, 이리 나와 보세요. 제가 이 리본을 허리에 예쁘게 묶어 드릴게요."

백설 공주가 문을 열고 밖으로 나오자 왕비는 기회를 놓칠세라 재빨리 긴 리본을 꺼내 백설 공주의 허리에 꽁꽁 묶어 버렸고, 그녀는 정신을 잃은 채 그 자리에 쓰러졌어.

저녁때 집에 돌아온 난쟁이들은 쓰러져 있는 백설 공주를 발견하고는 허리에 꽉 묶인 리본을 풀어 주었어. 백설 공주가 크게 숨을 몰아쉬며 눈을 뜨고 나서야 난쟁이들은 한숨을 돌릴 수 있었지.

"공주님, 그 누가 찾아와도 절대 문을 열어 주지 마세요."

하지만 거울을 통해 백설 공주가 아직 살아 있음을 확인한 왕비는 다시 빗장수로 변장을 하고서 백설 공주를 찾아갔어.

"빗 사세요. 머리카락에 윤기가 흐르도록 가꿔 주는 빗이 있어요."

백설 공주는 밖에서 들려오는 소리에 창문을 빼꼼히 열었어.

"흑단 같은 머리카락을 가진 아름다운 아가씨, 이리 나와 보세요. 제가 이 빗으로 머리를 곱게 빗어 드릴게요."

그렇지 않아도 엉킨 머리를 빗고 싶었던 백설 공주는 잠시 망설이다 문을 열고 밖으로 나왔어. 왕비는 백설 공주의 머리카락을 슬슬 빗다가 얼른 독이 묻은 빗을 꺼내 정수리에 꽂았지. 백설 공주는 이내 정신을 잃고 쓰러졌어.

맛있는 저녁을 기대하며 일터에서 돌아온 일곱 난쟁이들은 또다시 쓰러져 있는 백설 공주를 발견하고는 그녀의 몸 이곳저곳을 살폈어. 난쟁이들이 머리에 꽂힌 빗을 뽑자 이내 공주는 몸을 파르르 떨며 힘겹게 눈을 떴어. 위험한 고비를 넘기자 난쟁이들은 신신당부했지.

"공주님, 그 누구에게도 문을 열어 주면 안 됩니다. 절대로! 아시겠어요?"

성에 돌아온 왕비는 기분 좋게 거울 앞에 서서 물었어.

"거울아, 거울아, 이 세상에서 누가 제일 아름답지?"

"왕비님도 아름답지만, 여전히 숲 속에서 일곱 난쟁이들과 함께 사는 백설 공주가 더 아름답습니다."

"뭐라고? 아직도 살아있다고? 이번에는 반드시 죽이고 말겠어!"

왕비는 사과 장수로 변장하고 오두막집 창문을 두드렸어.

"사과 사세요! 지금 막 따 온 싱싱한 사과랍니다."

오두막집 안에서 아무런 반응이 없자 왕비는 하루 종일 주위를 왔다갔다, 빙빙 돌면서 끈질기게 소리쳤어.

"달콤하고 맛있는 사과를 딱 한 입만 맛보세요."

"안 살 거예요. 제발 좀 돌아가세요."

"그러지 말고 안 사도 괜찮으니 맛이라도 좀 보세요."

왕비의 집요함을 견디지 못한 백설 공주가 창문을 열고 대꾸했어.

"그렇다면 딱 한 입만 맛볼게요. 대신 집 밖으로는 한 발짝도 나가지 않겠어요."

"그럼요. 마음대로 편하게 드세요. 지금도 공주처럼 아름답지만, 이 사과를 먹으면 더 아름다워질 거예요!"

왕비는 온갖 듣기 좋은 말을 쉴 새 없이 해대며 얼른 백설 공주의 손에 사과 한 알을 쥐어 주었어. 유난히 빨갛고 반짝이는 사과였지. 달콤한 향만큼이나 입맛을 돋우는 붉은 색의 열매를 한 입 덥석 베어 물자 과즙이 입 안으로 팍 퍼졌고, 순간 뭔가 이상하다는 것을 깨달았지만 이미 때는 늦었어. 백설 공주는 쿵! 소리를 내며 그대로 쓰러지고 말았지. 사과 장수로 변장한 왕비가 그녀에게 건넨 건 독이 잔뜩 든 사과였던 거야.

왕비는 한참 동안 그 자리에 머물면서 공주가 다시 깨어나지 않는 것을 확인하고 나서야 유유히 성으로 돌아갔어.

고된 일을 마치고 돌아온 난쟁이들은 또다시 쓰러져 있는 백설 공주를 살리기 위해 그녀를 꼼꼼히 살폈어. 몸을 조이고 있는 끈은 없는지, 머리카락에 뭔가 있지는 않은지……. 온갖 방법을 시도해 봤지만 백설 공주는 끝내 눈을 뜨지 않았어.

슬픔에 잠긴 난쟁이들은 백설 공주를 위해 유리로 관을 만들고 꽃을 곱게 깔았어. 그리고는 그 안에 여전히 살아 있는 듯한 백설 공주를 반듯이 눕혔지.

"아름다운 백설 공주님을 땅에 묻어선 안 돼. 이렇게 하면 날마다 공주님을 볼 수 있을 거야."

난쟁이들은 매일 같이 그녀가 외롭지 않도록 찾아와 유리관을 깨끗이 닦아 주고 꽃으로 장식했어.

그러던 어느 날, 우연히 그곳을 지나가던 이웃 나라의 왕자가 유리관 속의 백설 공주를 보고 첫눈에 반하고 말았어.

"오! 이렇게 아름다운 공주가 있다니……."

왕자는 백설 공주의 아름다움에 이끌려 자신도 모르게 유리관을 열고 그녀에게 키스를 했어. 왕자가 키스를 하며 불어 넣은 숨이 독사과 조각을 움직였는지 백설 공주가 갑자기 재채기를 하며 사과 조각을 내뱉었어. 백설 공주가 다시는 뜨지 않을 것 같던 눈을 스르르 뜨자 난쟁이들의 기뻐하는 소리로 떠들석했지.

"만세! 백설 공주님이 살아나셨다."

깨어난 백설 공주의 눈을 들여다보던 왕자는 그녀에게 손을 내밀며 청혼을 했어.

"아름다운 공주님, 저와 결혼해 주십시오!"

그 후, 백설 공주는 왕자와 결혼하여 오래오래 행복하게 살았어. 그럼 나쁜 짓을 한 왕비는 어떻게 되었냐고? 그동안 있었던 일들을 모두 알게 된 왕자가 사악한 왕비에게 달군 쇠로 만든 구두를 신고 죽을 때까지 춤을 추도록 하는 벌을 내렸대.

왕비는 그녀의 나쁜 마음이 가득 담긴 독 사과로 백설 공주를 유혹하였고 거기에 넘어간 백설 공주는 어려움을 겪었지만, 결국 나쁜 짓을 한 왕비는 그에 맞는 벌을 받고 착한 백설 공주는 행복한 삶을 살게 된 거야.

오늘날 우리가 알고 있는 백설 공주 이야기는 유럽 지역 사람들의 입에서 입으로 전하여 온 여러 이야기를 모아, 17세기 초 독일의 그림 형제가 정리한 것이라고 해.

그림 형제와 백설 공주

1. 그림 형제

형 야코프 그림과 동생 빌헬름 그림은 동화를 쓰는 작가가 아니라 언어와 옛날의 제도나 문물을 분석하는 학자였어. 그림 형제는 언어에 대한 연구를 위해 민요를 모으면서 예로부터 전해져 내려오는 이야기에도 관심을 갖게 되었지. 그림 형제는 이런 이야기를 후세에 제대로 전하고자 《어린이와 가정을 위한 동화집》이라는 책

그림 형제의 초상화
(왼쪽 빌헬름, 오른쪽 야코프)

을 냈어. 그림 형제는 "예로부터 전하여 내려오는 이야기의 전달과 수용은 가정에서 우선시 되어야 하며, 그 대상은 어린이로부터 시작되어야 한다."는 생각을 바탕으로 책의 이름을 지었다고 해. 이 책에 〈백설 공주〉를 비롯하여 〈헨젤과 그레텔〉, 〈라푼첼〉, 〈브레멘의 음악대〉, 〈개구리 왕자〉 등의 이야기가 실려 있어.

2. 〈백설 공주와 일곱 난쟁이〉는 〈백설 공주〉와 어떤 점이 다를까?

〈백설 공주와 일곱 난쟁이〉는 그림 형제의 〈백설 공주〉를 바탕으로 미국의 디즈니사에서 만든 최초의 장편 애니메이션이야. 애니메이션으로 만들면서 몇몇 부분이 바뀌었는데, 예를 들어 원작에서는 왕비가 사냥꾼에게 백설 공주를 죽인 증거로 간과 폐를 요구하지만, 애니메이션에서는 심장으로 바뀌었지.

또한 왕비가 달군 쇠로 만든 구두를 신고 죽을 때까지 춤을 추는 형벌을 받는 것과 다르게 애니메이션에서는 왕비가 난쟁이들에게 쫓기다가 도망칠 곳 없는 절벽에서 번개에 맞아 죽게 돼. 이 밖에도 여러 부분이 원작과 다르지만 착한 사람은 복을 받고 나쁜 사람은 벌을 받는다는 '권선징악'을 주제로 한다는 점은 같아.

3. 백설 공주의 또 다른 이야기, 〈흑설 공주〉

흑설 공주는 백설 공주가 낳은 어여쁜 딸이지만 단지 피부색이 검다는 이유로 왕궁의 사람들은 흑설 공주를 가까이 하지 않았어. 이런 편견 때문에 자신을 아름답지 않다고 생각한 흑설 공주는 사람들을 피해 혼자만의 공간에서 책만 읽다가 마녀란 누명을 쓰고 왕궁에서 쫓겨나게 돼. 숲으로 들어간 흑설 공주는 일곱 난쟁이의 아들들과 지내게 되지만, 흑설 공주를 없애려는 새 왕비는 흑설 공주가 좋아하는 책에 독을 묻혀 그녀를 유혹해. 결국 독을 먹고 쓰러진 흑설 공주는 정원사의 진심 어린 눈물에 깨어나 정원사의 눈에 비친 자신의 모습을 보고 처음으로 자신의 아름다움과 가치를 깨닫고 아름다움에 대한 고정관념에서 벗어난다는 이야기야.

흑설 공주 이야기를 통해 자신만의 독특한 개성과 아름다움을 만드는 것은, 자신을 아끼고 사랑하는 마음과 편견에 맞서 당당하게 살아가는 용기임을 알 수 있어.

🌸 그림 형제 박물관

독일 헤센 주의 카셀은 그림 형제가 구전 동화들을 모아 책으로 엮은 곳으로, 이곳에는 그림 형제의 박물관이 있어. 그림 형제 박물관에는 1812년부터 1815년까지 그림 형제가 손으로 직접

그림 형제 박물관

쓴 그림 동화의 원본이 전시되어 있는데, 이 자료는 2005년에 유네스코 세계 기록 유산으로 지정되어 그 가치를 인정받았어.

🌸 백설 공주의 실제 모델이 있다고?

백설 공주의 실제 모델은 16세기 독일 귀족의 딸이었던 마르가레테 폰 발데크라고 해. 마르가레테는 어렸을 때 어머니를 잃고 새 어머니와 살았어. 새 어머니에게 항상 구박을 받던 그녀는 햇볕도 못 보고 광산에서 일하느라 키가 안 자라 '광산의 난쟁이'라 불리는 아이들과 어울려 지냈지. 16세가 되던 해 벨기에의 브뤼셀로 간 마르가레테는 뛰어난 미모로 남자 귀족들뿐만 아니라 합스부르크 왕가의 펠리페 2세로부터 청혼을 받아. 하지만 마르가레테는 갑작스럽게 의문의 독살을 당했는데, 많은 사람들이 그녀의 사연을 안타까워하면서 이 이야기가 입에서 입으로 전해져 '백설 공주'라는 이야기로 재탄생 되었다는 거야.